敏捷营销

数字化时代的企业营销转型指南

[英] 尼尔·珀金（Neil Perkin）◎著　于楠◎译

AGILE MARKETING

Unlock adaptive and data-driven marketing for long-term success

中国科学技术出版社

·北 京·

© Neil Perkin, 2022
This translation of Agile Marketing is published by arrangement with Kogan Page.
Simplified Chinese translations copyright by China Science and Technology Press Co., Ltd.
All rights reserved.

北京市版权局著作权合同登记 图字：01-2022-2177。

图书在版编目（CIP）数据

敏捷营销：数字化时代的企业营销转型指南 /（英）尼尔·珀金（Neil Perkin）著；于楠译 . — 北京：中国科学技术出版社，2023.5

书名原文：Agile Marketing：Unlock adaptive and data-driven marketing for long-term success

ISBN 978-7-5046-9960-2

Ⅰ.①敏… Ⅱ.①尼…②于… Ⅲ.①企业管理—市场营销学 Ⅳ.① F274

中国国家版本馆 CIP 数据核字（2023）第 033253 号

策划编辑	何英娇　王碧玉	责任编辑	韩沫言
封面设计	创研社	版式设计	蚂蚁设计
责任校对	焦　宁	责任印制	李晓霖

出　　版	中国科学技术出版社
发　　行	中国科学技术出版社有限公司发行部
地　　址	北京市海淀区中关村南大街 16 号
邮　　编	100081
发行电话	010-62173865
传　　真	010-62173081
网　　址	http://www.cspbooks.com.cn

开　　本	710mm×1000mm　1/16
字　　数	209 千字
印　　张	17
版　　次	2023 年 5 月第 1 版
印　　次	2023 年 5 月第 1 次印刷
印　　刷	大厂回族自治县彩虹印刷有限公司
书　　号	ISBN 978-7-5046-9960-2/F·1097
定　　价	79.00 元

（凡购买本社图书，如有缺页、倒页、脱页者，本社发行部负责调换）

本书赞誉

关于营销的本质是否已经改变一直存在争论。但我们应该清楚，营销敏捷方法对营销方式的转变，功不可没。然而，营销人员一直对敏捷营销方法认识不足，着实令人惊讶。本书可以说是理解营销运作的必备图书之一。

——阿什利·弗里德林（Ashley Friedlein）

电子商务咨询机构经咨（Econsultancy）

首席执行官、协会主席、创始人

尼尔通过简单易懂的模型、相关的事例和详尽的叙述，清晰、生动地阐述了敏捷营销方法的基本要素。

——克里斯特尔·金宁（Christel Kinning）

欧特力（Oatly）首席转型官、首席人才官

本书所提出的建议实用、中肯，带有自己的思考，令人叹服，是那些希望改变团队工作方式的营销从业人员的必读书目。

——菲奥娜·斯普纳（Fiona Spooner）

《金融时报》消费者收入部常务董事

当前，营销迎来了前所未有的机遇，要采用敏捷营销方法助推增长、扩大规模。尼尔·珀金以严谨、坦诚，又不失风趣幽默的笔触，为每位营销从业人员精心描绘了一份营销方法蓝图。

——理查德·罗宾逊（Richard Robinson）

英国营销咨询公司蛎鹬（Oystercatchers）董事兼总经理

做好准备,迎接挑战吧!尼尔·珀金已经为营销人成功破解了敏捷应对之道。

——保罗·达克斯伯里(Paul Duxbury)

葛兰素史克消费者保健部全球可重复增长模式项目负责人

书中故事鼓舞人心,内容十分实用。尼尔给出了在营销中如何规模化敏捷营销的权威指南。

——伊恩·诺克斯(Iain Noakes)

三星电子营销策略、规划和效率主管

现代文化碰撞交融,营销也会让品牌、品牌机构和消费者难以理解。营销机构可以参考尼尔这份重要的脚本,快速灵动地适应外部变化,保持文化适应性。

——法里斯·雅克布(Faris Yakob)

《焦点:数字世界的创新广告》(*Paid Attention: Innovative Advertising for a Digital World*)作者

目录

第一部分　敏捷营销崭露锋芒

第一章　数字时代的营销

变化中的营销——4P营销理论的演变 / 003

数据发展、技术趋势和营销自动化带来的影响 / 010

系统与同理心 / 013

第二章　定义敏捷营销：是什么，不是什么

以旧视角看新事物 / 017

敏捷营销的定义 / 020

提高客户体验的影响力 / 020

促进以客户为中心 / 022

敏捷营销不是…… / 025

第三章　敏捷营销的过程和原则

"第五个P"——过程 / 026

敏捷的过程和原则 / 026

狭义的敏捷和广义的敏捷 / 028

敏捷思维模式推进流程优化工作 / 031

营销是一种持续的工作流程 / 033

敏捷营销的好处 / 034

第二部分　敏捷营销策略

第四章　熟悉环境和态势感知

过去：倒退着走进未来 / 041

现在：艺术即当下 / 043

未来：可能的未来 / 044

像看天气一样看策略 / 046

驾驭复杂局面，需要应急机制 / 047

第五章　适应性策略

逆向工作 / 051

设定目标和结果 / 053

将愿景转化为策略 / 055

结果，而不是产出 / 059

从策略到执行 / 067

第三部分　敏捷营销执行

第六章　使用冲刺方法

不要迷失在方法论中 / 073

冲刺方法 / 074

第七章　营销执行方法论

从营销战役到待办事项 / 080

反馈的价值 / 086

工作的透明度和速度 / 091

定义良好假设 / 094

"安全失败"实验 / 096

使用评审和回顾 / 099

措施和KPI / 101

使用OKR / 103

第四部分　扩展敏捷营销

第八章　敏捷营销结构

小型多学科团队 / 107

小队角色和职责 / 110

第九章　敏捷营销规模化

统一的自主权——管理、监督与赋权 / 117

减轻依赖关系 / 126

打造"敏捷洋葱模型" / 131

设立"任务控制者" / 133

第十章　敏捷资源开发

　　借鉴好莱坞模式 / 136

　　敏捷内包和敏捷外包 / 140

第五部分　数据中的敏捷方法

第十一章　为什么数据是敏捷的基础

　　数据是敏捷性的核心 / 147

　　数据策略构建块 / 147

第十二章　运用数据好好学习

　　避免简单的错误 / 166

　　更智能地解释数据 / 171

　　避免噪声和群体思维 / 175

　　提出更好的问题 / 177

　　快速决策 / 181

　　何时转变，何时坚持 / 183

　　基石时刻 / 185

　　以慢为快 / 188

　　营销运营和工作流程 / 192

第六部分　敏捷营销文化和领导力

第十三章　什么是营销中的敏捷文化

敏捷营销文化的属性 / 195

打破和重塑习惯 / 197

第十四章　探索文化

激发好奇心 / 199

留心观察的艺术 / 201

最佳实践的专断之处 / 204

换个思路 / 206

重视外部视角 / 208

创造学习空间 / 212

第十五章　赋权高绩效营销团队

自治和赋权 / 219

建立协作文化 / 223

内部资源的外部视角 / 253

结论　敏捷转型——一个循序渐进的指南

第一部分
敏捷营销崭露锋芒

第一章　数字时代的营销

变化中的营销——4P营销理论的演变

营销手段常常花样翻新，令人眼花缭乱。有时营销做得好，有助于我们开拓创新，从而不断想出一些新方法来吸引客户，最终实现营销目标。然而，有时我们急于拥抱新技术，顺应新潮流，却忘记了营销策略实践的基本原则，即使营销做得再好也无济于事。随着科技的发展，数字技术颠覆了原有的企业模式，数字化也赋予消费者新的力量和渠道，这种在30年前不可想象的情景，重塑了整个市场的运作方式，开启了全新的商业模式，改变了竞争环境。只要你有一款智能手机，动动手指几乎就能找到任何问题的答案。

然而，伟大的营销仍然是伟大的营销。无论如何变化，营销中的核心要素并没有改变。英国特许营销协会（Chartered Institute of Marketing，CIM）指出：

营销是企业识别、预测和满足客户需求并从中获利的管理过程。

我们来分析一下这个定义。营销是一个以客户为中心，满足客户需求，开展营销活动，创造价值的过程。彼得·德鲁克（Peter Drucker）在他的经典著作《管理的实践》（*The Practice of Management*）中明确指出：

由于企业的目的是创造顾客，任何企业都有两项职能，也仅有这两项基本职能：营销和创新。营销和创新产生经济成果，其余的一切都是"成本"。

整个营销过程以调研分析为基础，洞察理解客户需求。营销始终要把客户放在心上，为客户利益代言，企业则通过营销实践探索，呈现出客户价值。企业还要制定以客户为导向的营销策略。同时，从供需缺口中寻找营销机会，预测客户需求。这说明营销既可以以客户需求为导向，也可以引领客户需求。营销就是为了满足客户需求而进行销售的。也就是说，要明确以客户为本的服务理念，深耕产品与服务，达到甚至超过客户的期望值。营销定义的最后一部分讲到了赢利，营销最终服务于企业发展，通过满足顾客需求而实现企业赢利。用美国营销理论家理查德·巴格茨（Richard Bagozzi）的话说，营销是一个有组织的交换系统：企业通过产品或服务使客户实现收益，来换取收入、利润或其他一些收益。然而，现在提供这些基本元素的环境已经发生了翻天覆地的变化，比如渠道和接触点更加分散，数据技术发展加速了行业的变革，用户体验、定位和测量方面也因此发生巨大转变等。数字化新模式、新方法改变了我们识别、预测和满足客户需求的方式，帮助我们了解企业开展业务活动所创造的价值及效益，改变了我们获取利益和利润的方式。

环境日益复杂多变，充满不确定性，这更加剧了这种变化带来的长期影响。许多组织正在实施数字化转型的重大举措，快速响应用户数字化需求，更敏捷地进行调整，以响应外部变化。新冠肺炎[①]疫情暴发以来，消费

[①] 2022年12月26日，中国国家卫生健康委员会发布公告，将新型冠状病毒肺炎更名为新型冠状病毒感染。——编者注

者迅速转向在线渠道，企业努力适应迅速变化的消费行为，大大加快了数字化转型的步伐。麦肯锡公司（McKinsey & Company，简称"麦肯锡"）的研究报告表明，从2019年12月至2020年7月，全球范围内客户互动数字化平均份额从36%上升到58%。数字化转型由此转向高速发展，同一时期，部分或完全数字化的提案、产品和服务的数量从35%增长到55%。调查中，受访者表示他们与客户的互动至少有80%是数字化的，这一比例是新冠肺炎疫情前的3倍。美国云通信公司Twilio对全球2500名企业决策者调查发现，97%的企业决策者认为疫情加快了公司的数字化转型，将公司的数字化通信战略部署平均提前了6年。根据数字营销和电子商务领域专业咨询机构经咨公司和奥多比公司（Adobe Systems Incorporated）联合发布的研究数据显示，大多数企业的数字客户都出现了不同寻常的增长（B2C模式为63%，B2B模式为57%），同时大约半数企业注意到现有客户购买行为不同寻常。麦肯锡的调查还显示，最大的变化（包括不断变化的客户需求和要求）也最有可能在复苏期间持续下去。

既然变化这么大，营销人员务必提高灵活度和适应性，满足不断变化的客户行为和需求。然而，在营销团队的专业知识、角色、技术和实践要素不断发展的同时，笔者却认为，他们为战略实施和目标部署的营销结构、流程和思维方式显然没有完全跟上这种变化。本书不是要挑战或重述经典营销理论，而是表达一种务实的观点，即营销团队要利用企业数字化发展中的方法论，利用其中的关键原则和实践，提升响应能力，增强适应力。本书讲述了让数据真正为营销所用，助力营销决策、持续迭代优化的方法，以及对适应外部环境变化、调整营销策略的一些思考。

先从不变开始讲起吧。

什么不会变

我经常遇到这样的问题:"未来十年会发生什么变化?"……我几乎从来没有遇到过这样的问题:"未来十年什么不会变?"我认为这个问题比"未来十年什么会变"更加重要,因为你可以围绕那些长时间内都比较稳定的事情,制定一个商业策略。

杰夫·贝佐斯(Jeff Bezos)的这段话道出了关注客户基本需求的重要性,而这些需求基本上不会随着时间的推移而有所改变。客户对亚马逊的期待可能是价格低、购买方便、送货快捷和可供选择的产品范围广。贝佐斯说,这能带动一家企业在用户真正关心的地方下功夫,看淡短期利润,着眼于长期价值增长,从而迈向成功。

很多经典的营销理论和实践都没有变。比如,营销策略和定位,对市场的理解、有竞争力的主张以及如何实现目标。同样没有改变的,还有洞察用户需求、动机和行为的重要性,我们需要搞清这些因素如何影响客户细分,做到明确目标客户并进行有针对性的营销。此外,品牌的重要性和以高性价比营销模式布局品牌也依然很重要。做好品牌建设,打好营销组合拳,用创意带来价值,这需要根据明确的目标整合、计划和衡量营销活动,也需要优化活动方案,确保获得最佳回报,这些过去重要,现在同样重要。

营销和广告战略家汤姆·罗奇(Tom Roach)将这一点运用到营销传播中,定义了7条行之有效的关键原则,这些原则将永远适用。这几条原则不仅与营销的基本原理有关,还涉及大脑的工作方式。这些都提醒我们,变化的是世界,不变的是原则。

影响力 研究表明,某品牌类别中的新进买家和轻度买家推动了该品牌增长。拜伦·夏普（Byron Sharp）在开创性的营销著作《非传统营销》（*How Brands Grow*）[1]中，论证了品牌通过建立精神上和物质上的可用性以及接触新客户来获得成功。所以，接触客户才是根本。

注意力　如果你无法获得现有客户和潜在客户的关注，那么影响力就没有多大用处。注意力要求你心无旁骛，赢得关注，让你能够脱颖而出。

创造力　英国广告从业者协会和彼得·菲尔德（Peter Field）的研究表明，创造力是销售和赢利的强大驱动力，比媒体和客户定位更强大。

独特性　独特的品牌资产有助于创建记忆结构，帮助客户在消费时回忆起你的品牌。早在20世纪60年代初，美国达彼思广告公司董事长罗瑟·瑞夫斯（Rosser Reeves）就提出了著名的"独特销售主题"理论，并且埃伦伯格–巴斯营销科学研究所（Ehrenberg-Bass Institution for Marketing Science）的研究也表明，品牌独特性（让自己通过名称、颜色、信息等条件脱颖而出）能够比品牌差异性（让自己在品牌竞争中脱颖而出）更有效地推动影响力。要让客户在有需求时，很容易就想到你的品牌。

长期性　昙花一现是远远不够的，品牌需要始终保持与众不同。汤姆·罗奇引用了独立媒体管理咨询公司思媒思智（Ebiquity）对1500个广告战役[2]的分析后发现，长期运行的独特品牌活动带来的回报比其他活动高出62%。研究还发现，基于最初的品牌认知度基础，品牌第二次和第三次广告投放的平均投资回报率比第一次高出30%。

---

[1]　《非传统营销：营销专家不知道的品牌成长定律》（*How Brands Grow*）为［澳］拜伦·夏普（Byron Sharp）著，麦青（Mandy）译，中信出版社出版。——编者注
[2]　广告战役指在某一特定市场上为实现某一重大目标所集中进行的大规模的广告活动。——编者注

情绪 多项研究表明，消费者对营销传播和广告的情感反应比其实际传播的内容对他们购买产品的意图影响更大。汤姆·罗奇说："唤起情感反应的传播会吸引更大的关注、更深的内容加工、更好的记忆编码和检索。"

动机 关注并展示品牌如何帮助客户实现目标，有助于将联系和参与转化为行动。

将技术进步与人类的直觉、同理心、创造力和理解力结合在一起时，营销和营销传播效果最好。

回到本节开头贝佐斯那番话。除了围绕不变的客户基本需求设计和创造长期价值，这位亚马逊创始人还谈到了通过创新和以特殊方式满足客户基本需求赢得优势。换句话说，打破开放的品类规范，突破性地实施满足这些需求的新主张会让客户感到惊喜和愉悦（亚马逊Prime Now配送平台就是一个很好的例子）。又或者说，基本要素保持不变，换种思维方式才会创造真正的优势。

毫无疑问，这些关键原则为良好营销实践打下了基础，但有些团队勇于突破创新，从而赢得了大规模市场优势。这些团队在经典营销策略的基础上深入思考，以将良好的实践转化为伟大的实践。当今，营销运作背景和环境已发生了巨变，只有拥抱潮流，方能跟上变革。

什么在变化

营销的经典框架之一是4P营销理论，4P即产品（Product）、价格（Price）、渠道（Place）、促销（Promotion）的首字母缩写。4P营销理论源于哈佛大学广告学教授尼尔·博登（Neil Borden），他首先提出了营销组合（Marketing Mix）的概念。密歇根州立大学营销学教授杰罗姆·麦卡锡（Jerome McCarthy）在此基础上，将这一理论转化为我们今天所知的4P营销理论。

在数字营销大环境的背景下，我们来看一下4P营销理论的变化过程。

产品 我们的产品如何满足客户需求。不断增加的服务解决方案、服务设计和创新，以及直接面向消费者的主张都说明越来越多的产品正在加速数字化转型。牙刷曾经只是一把牙刷，现在它只要连上网，就能跟踪你的刷牙情况，同时它也是一个提供建议、发布通知的应用程序。剃须刀曾经靠"剃须刀+刀片"这种创新商业模式赚钱，现在它变成了一种熟知你剃须偏好和习惯的订阅服务。汽车曾经只是交通工具，现在它是一种连接设备，提供多种个性化选择。随着服务设计和创新激增，产品和服务之间的界限变得越来越模糊。公司越来越多地将软件集成到他们的产品中，产品和营销之间的界限也变得越发模糊。客户体验需要模块化、个性化、联合化、按需化、可扩展、网络化、适应性强的解决方案，满足继而超越客户期望。这也改变了营销内容、客户需求和意图、品牌与客户的关系以及数据价值。创造机会，将营销融入产品，将交互和产品使用与营销无缝结合，了解产品生命周期和使用情况，从而制定战略，实现营销目标，将来源多样的数据决策力打造为企业核心竞争力。这对营销来说既是挑战也是机遇，这也极大地改变了这一领域所面临的产品环境。

渠道 客户寻找和购买产品的方式。数字技术显著增加了产品潜在的营销途径，如从直接面向消费者到专业零售商激增、市场增长，通过网络红人、内容创作者和出版商进行联盟营销，以及直播和社交商务的增长。

价格 客户支付的费用和产品的价值。聚合者和价格比较为数字化定价增加了可见性和透明度。这样一来，人们更容易获取定价数据。它启用了动态定价（实时响应需求激增的定价、竞争性定价或基于时间的动态定价）。它还改变了使顾客感知真实价值的营销策略，支持智能定价新模式

（如订阅），带来长期客户价值。

推广　我们如何选择推广、宣传和区分产品。由于数字化发展，向营销人员开放的促销和渠道机会数量呈爆炸式增长。数据改变了我们识别和预测客户需求、细分客户并通过相关信息定位客户的方式。如今，客户体验复杂多变，需要多个接触点、数据信号和参与机会。现在，广告越来越程序化、自动化。渠道主体碎片化令客户关系处理变得更加微妙。实时测量让我们的营销战役①更加透明，使我们能够优化活动表现。

这些新型发展背景虽然没有撼动良好营销策略中的关键原则，却深刻改变了营销运作环境。这需要不同的运营方式、工作方式和交付方式才能完成转变，满足这些重要标准。本书讨论了营销人员需要如何开展实践，参与执行，从而真正适应数字化世界。

数据发展、技术趋势和营销自动化带来的影响

技术趋势和数据发展对营销实践影响深远，其重要性不言自明，我们先来看看何为深远的影响。著名营销技术专家斯科特·布林克（Scott Brinker）曾做过一项营销技术形式年度调查。2011年，调查开始时，市场上只有150家不同的营销技术供应商。不到10年后，就有超过8000种独立的营销技术解决方案可供营销人员选择。整个市场呈爆炸式增长，服务种类越来越多，营销人员可以将这些服务组合成一个个性化的营销技术

---

① 营销战役指有组织、有策略的战略性营销工作。——编者注

（MarTech）[①]堆栈，但它们的操作复杂性也越来越高。研究还表明，一般大型企业的营销技术堆栈中拥有多达120种工具。信息技术咨询公司高德纳（Gartner）发现，2020年，营销技术支出已占营销平均预算的26%，68%的首席营销官计划在2021年增加营销技术支出。

在营销人员希望充分整合团队凝聚力时，一些关键性转变出现了。自动化的兴起大大提升了营销执行效率，并通过更精密地使用数据和优化实现了效率的转变。根据市场调研机构研究与市场（Research and Markets）[②]发布的报告显示，2019年营销自动化软件市场的规模估计为60亿美元，预计到2025年将增长到近170亿美元（复合年增长率超过19%）。营销人员越来越关注如何结合不同的技术能力增加复合收益，这与建立通用的MarTech堆栈有关。同时，营销人员还可以创建一套自定义应用程序，提高关键领域的能力，将软件和服务结合在一起，随着时间推移，实现更大的灵活性和适应性，或者使用数据和归因进一步推动盈利衡量，而不仅仅是创造销售，提高营收。营销人员越发希望（通过客户关系管理系统和客户数据平台）建立一个核心数据驱动的技术基础，与满足特定需求的多个其他服务和系统有效集成，数据分析领域的重要性越发明显，投资持续增长，机器学习和预测分析也随之被纳入系统，用于提升认知能力和快速学习。数据结构更加关注数据质量和分析，更深入地了解第一方数据以及客户的行为和偏好。由于渠道支出在营销预算中所占的比例也越来越大，因此越来

---

① MarTech 是一个智慧营销概念，可以帮助企业通过技术和数据配置营销资源，优化企业的营销策略。——译者注
② Research and Markets：一个在线平台，提供来自出版商、顾问和分析师的市场和研究数据。——译者注

越多的客户利用数字渠道进行互动。高纳德在其首席营销官支出调查中发现，数字渠道支出占2020年营销预算的近80%，其中近25%的支出用于数字广告和付费搜索，近60%的支出用于自有和赢得数字渠道。

营销实践的基本面发生了一些变化。熟练使用技术和数据对营销来说越来越重要，这对数据专业知识的需求也大大增加，营销实践需要更多的数据驱动，营销运营职能更加侧重于构建和运作营销技术堆栈，并优化工作流程效率。使用实时数据和快速客户反馈循环能力的提升，促使营销团队更快地做出更明智的决策。营销团队需要与产品和技术团队更紧密地合作，更加频繁地更新迭代、持续交付价值。例如，在过去的几十年里，许多技术团队现在操作的软件发布频率已经显著下降。数据运营咨询机构和平台提供商数据厨房（DataKitchen）称，在20世纪80年代，瀑布方法下软件发布的平均周期大约是12个月。在提前了解详细需求且需求不变的情况下，瀑布方法可能运行良好，但在快速变化的环境中，就会出问题。软件团队20世纪末和21世纪初放弃瀑布方法同时采用敏捷实践，公司围绕较短的迭代组织技术开发，平均发布周期下降到大约3周。现在，随着工作实践深化发展，DevOps[①]解决方案等实践的引入，软件项目的平均发布周期进一步降低到几天甚至几分钟的级别。敏捷实践已经扩展到技术团队之外，企业运营的节奏和周期已显著缩短。

技术和数据革命正在引发营销领域新革命。企业内部越发关注客户体验，同时，营销在技术和数据革命的推动下，抓住机会扩大其影响。营

---

① DevOps（Development 和 Operations 的组合词）是一组过程、方法与系统的统称，用于促进开发（应用程序/软件工程）、技术运营和质量保障部门之间的沟通、协作与整合。——译者注

销人员发现自己面临着一场"完美革命风暴"，包括客户行为快速变化、技术转变重塑各种可能，时刻保持沟通，在低增长环境中增长压力不断增大，市场环境和宏观环境波动，对问责制和价值归属要求不断提高等。其中任何一个因素都会招致对能力和流程以及整个运作方式的重新评估。首席技术官们希望在他们团队的工作结构中嵌入更高水平的敏捷性、适应性、响应性、效率和问责制。

系统与同理心

数据、技术和机器学习正在彻底改变营销实践，营销从业者必须把多个技术融入敏捷营销中，将技术与人的能力结合在一起，增加收益和影响，这一点至关重要。

2014年，记者兼作家查尔斯·莱德贝特（Charles Leadbetter）受邀撰写一篇关于城市未来的论文。莱德贝特说，伟大的城市汇集了两个基本元素：系统与同理心。系统"将不同的交互组件组合在一起，实现共同目的"，并且，系统也是实现规模、效率、透明度和可靠性的做事方式、流程和方法。例如，火车、售票机、信号软件、车站设备和自动扶梯都是伦敦地铁系统的一部分，而伦敦地铁系统又是发达的伦敦交通系统的一部分。系统是必不可少的。没有它们，城市就会分崩离析。

然而，城市也需要人与人之间的联系、理解、洞察力、同情心，这样，城市中的人们才能聚到一起，和谐相处、相互分享、获得共识：

城市的创造性依赖于一种物质，这种物质必须存在才能令城市运转，但它无法被直接观察到。这个物质就是同理心，它是一种我们与自己不同的人建立联系、找到共同点并参与分享和交流的能力。协作和文明是城市生活集体智慧的基础。

虽然系统带动城市运转，让城市充满人情味的却是同理心。城市缺乏系统规划可能会导致城市运转混乱、效率低下，而缺乏同理心则会导致人情淡漠，人们的关系疏远。只有系统和同理心结合（莱德贝特以2012年伦敦奥运会为例，很好地诠释了这一组合），城市才最能够充分发挥其潜力。

敏捷营销团队也是如此。系统和同理心两个基本元素结合在一起，使团队能够将技术的效率、掌控和赋权与来自人类认知和视角的联系、洞察力和亲和力融合在一起。敏捷营销团队通过技术和系统帮助团队高效工作、良好沟通、轻松执行、快速测试和快速学习。当然他们也从未忽视人类的洞察力、理解、联系、参与以及创造力的重要性。同理心能够让团队真正地以客户为中心，为客户提供卓越的体验。同理心使团队打破藩篱，团结协作，激发技术潜力。如图1-1所示。

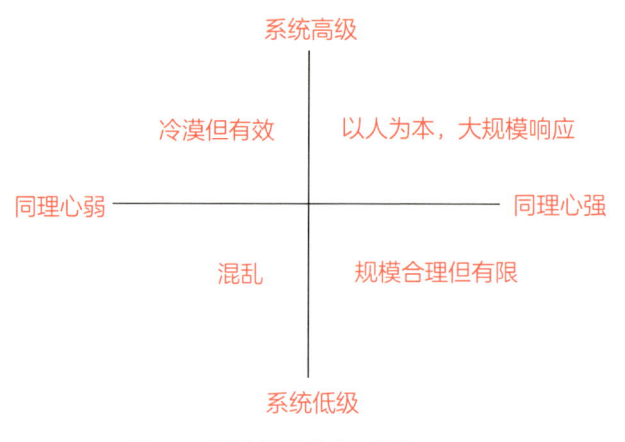

图1-1 敏捷营销中的系统与同理心

产品战略管理的影响越来越大

企业内部对数字化产品和服务的关注度日益提高，产品战略的重要性也随之上升。这对于将业务战略转化为产品战略、产品愿景和更高层次的路线图，了解客户和市场环境如何影响产品、如何最好地服务于客户和业务目标至关重要。敏捷营销实践逐步普及，产品负责人人数增加，其作用也随之上升。他们通常与敏捷团队密切合作，优化团队的开发流程及交付工作，监督产品待办事项及其优先级。

时间推移，环境变迁，产品和服务的数字化程度也在不断加深，确实需要渐进地开发和优化产品，以便使其更加适应市场，这样开发始终能考虑到最新的已知客户和市场环境。

产品经理可以把需求交给信息技术（IT）团队或开发团队来解决，将后者变成所谓的"功能工厂"。这种方法适用于产品交付和更改不频繁的情境，一旦环境复杂性增加，对快速反馈循环、测试和原型设计的需求也会不断增长，多线程、紧密协作就变得至关重要。产品和服务越来越数字化、发布周期越来越短，对更高敏捷性的需求就越来越广泛，企业需要打破职能隔阂，结合关键领域，为实现共同目标而努力。业务战略需要与产品战略更紧密地联系在一起，产品战略要更好地与产品开发相结合，产品开发需要与营销更紧密地合作。

"三脚凳模型"[1]要求营销人员不仅要考虑品牌、定位、客户洞察和细分，还要考虑产品本身的开发如何支持营销目标（如客户获取）以及营销策略和执行如何反过来支持产品的开发。客户体验的重要性已经越发凸显，营销人员应做到产品和营销合二为一。这两个领域都涉及客户体验的

---

[1] 产品、营销和技术的融合。

重要领域——营销更侧重于品牌知名度、促进购买；产品则涉及购买后的产品体验、激活、参与、优化和客户成功。产品开发如果无法以客户为中心，就会导致糟糕的客户体验；如果不能将营销融入产品开发（例如，开发支持现有客户购买新产品的机制），就会错失机会；营销团队如果不知道产品如何使用、客户反馈会如何影响开发，就会错失更多机会；如果未能协调产品和营销策略，还会导致客户体验脱节，业务和客户结果得不到优化。产品营销的发展正是为了追求这种一致性和整合性。

"三脚凳模型"的第三个要素是技术。如果技术不能与产品紧密结合，就无法进行开发、试验、测试、原型制作和适应。如果技术不能与营销紧密合作，就很难理解（客户）需求、获得洞察力、寻找目标以及进行促销、优化和衡量。技术是产品和营销的关键推动力，构成了企业新的"三位一体"，如图1-2所示。

图1-2　三脚凳模型

引入并结合这些基础元素，服务于业务目标和客户需求，必将带来更大的机会。三要素相互交织融合，越发一体化，使我们不仅可以调整战略和执行，还可以调整工作的方式、节奏、频率，从而为客户和企业提供更好的结果。这就是敏捷营销的机会。

第二章　定义敏捷营销：是什么，不是什么

以旧视角看新事物

企业家兼风险投资家克里斯·迪克森（Chris Dixon）曾描述过，计算机浪潮通常分为两个时代：首先是拟物时代，设计思维主要来自旧领域；然后是原生时代，挖掘实现新技术的真正潜力。

媒体业和出版业的变革很好地说明了这一点。早期的数字杂志是印刷杂志的电子版PDF（Portable Document Format，便携式文档）。这些文件是静态的、很难阅读，也难以在屏幕上操作。用户体验很糟糕，网络核心可用功能，包括读/写能力、互动、分享、发布、评论、参与一样都没有。出版商花了十多年的时间重建思维，才实现了这些功能，另外一些出版商仍然坚持过时的原则，即便如此，允许用户逐页翻页的仿真界面应用程序也一度流行起来。但不知何故，一些头脑灵光的从业人员竟没有注意到，在线阅读PDF的数字内容是很糟糕的消费体验，用户必须放大和缩小电子杂志页面才能真正地阅读，这比浏览网页时只需单击链接要麻烦得多。

这种僵化的思维可能会导致企业以旧视角看待新事物，阻碍企业在新技术本地化应用方面取得进展。我们再举一个媒体的例子。多年来，出

版商一直避免在发布的内容中添加超链接，认为这样会"损失"流量，减少网站上的唯一用户数量。由于出版商早期的盈利水平在很大程度上取决于他们能够产生的用户数量和页面印象，他们便开始保护自己的用户，把自己的媒体品牌想象成有围墙的花园，留住用户的时间越长，页面印象越好，广告收入就越多。页面浏览量和广告浏览量挂钩意味着出版商获得的页面浏览量越多，他们获得的收益就越多。这样一来，一些荒谬的策略随之而来，比如给文章贴上"25个最好的例子"的标题，但每个例子都放在一个单独的页面上，迫使用户点击多个页面来查看整篇文章。许多出版商忙着赚钱，忘记了职业操守。他们必须明白：如果出版业的成功依赖于糟糕的用户体验，那么它将注定失败。

多年来，报纸出版商过分关注首页，忽视了网站上的任何页面都可能成为用户入口。他们想当然地认为读者会按照阅读报纸的方式浏览网站：从首页开始浏览，再跳转到其他页。他们低估了从搜索引擎或社交媒体进入网站的流量比例，这些流量与特定文章页面构成深度链接。对于大多数报纸网站来说，首页在访问量中所占的比例相对较小，而文章页面往往是读者进入网站的真正驱动力。这表明每个文章页面都要链接到其他上下相关的文章，这些文章可能会吸引上网阅读某一特定内容的读者。

长期以来，出版业本身的发展说明，要花费数年时间才能摆脱传统的方法和思维。出版商可能没注意到，谷歌公司就提供了一种完全不同的用户体验。从1998年成立以来，谷歌就意识到用户体验的质量应该取决于用户离开他们网站的速度，而不是用户停留在他们域名上的时间。如果用户可以单击链接并找到问题的优质答案，那么他们将继续使用该站点。谷歌肯定不是第一个搜索引擎，但它简洁的界面能让用户毫不费力地就寻找到所需要的东西。当时许多搜索引擎比如Excite、Lycos、雅虎（Yahoo）等已经成为门户网站，主页上充斥着大量的故事、文章标题和图片，希望用户尽可能长时间地停留在页面上，谷歌却反其道而行之。在门户网站纷纷模仿电子报纸时，搜索引擎新人谷歌却以网络原生方式为用户提供了他们想要的东西。有很多文章论述了谷歌如何颠覆传统用户体验方法，但照搬这些方法并不能快速取得成功，其中的关键是，即便有创新思维存在，重新构想模型、从最初对技术的拟物化中走出来，也可能需要数年时间。

企业可能需要花费数年时间才能摆脱模型、主张和客户体验方面的旧领域思维，可能也需要数年时间来重塑其运作基本原理。营销也不例外。大多数营销团队工作方式中的许多假设是根深蒂固的，若要改变，就要以牺牲已有方法为代价。例如，许多营销流程本质上是高度线性的，这就造成部门和团队之间沟通低效。像这样的线性瀑布过程很容易造成一个团队严重依赖另一个团队的输入，伟大的思想就在从一个团队到另一个团队的转换过程中丢失了。这种依赖关系会拖慢团队速度，而这往往意味着产出可能需要很长时间才能出现，造成敏捷性缺失，从而错失机会。营销团队通常由功能孤岛构成，限制了并发工作，导致效率低下，阻碍联合执行。这种模式下，数据一般用在线性过程的特定阶段，而不是在整个流程中得到有效整合。固定的工作方式限制了灵活性和学习，阻碍团队快速适应不断变化的环境。

敏捷营销的定义

我们可能很容易将敏捷营销定义为识别、预测和满足客户需求并赢利的过程。有人会问："这不就是你在第一章中用来定义营销的词吗？"没错，因为我们想通过敏捷营销实现的基本面是与营销完全相同的目标。不变的是，我们仍然希望了解和满足客户需求，希望努力获得丰厚回报。变化的则是我们激活它的方式。

敏捷营销在市场实践中没有统一路径。笔者从敏捷思维中汲取灵感，在书中总结了一套有用的方法、惯例和模型，作为营销中一种实用的方法。

在从传统的线性营销方法转向更具适应性和敏捷性的实践的同时，思维方式同样需要转变。敏捷营销在很大程度上是一种重塑业务流程的思维模式。如果没有正确的文化和行为，这套方法将难以蓬勃发展。所以本书花费大量笔墨讲到了真正推动这种工作方式发展的文化属性和团队规范。敏捷营销和思维方式转变有望改变营销结构、流程和运营，使其真正适合企业目前所处的不可预测、充满变数的世界。

提高客户体验的影响力

在过去10年中，各种类型的组织都越来越重视客户体验已不是什么秘密。汉彬洲咨询公司（North Highland）于2020年对美国和英国年收入超过10亿美元的公司中的700名高级商业领袖进行的一项调查显示，这些领导者中有87%认为客户体验将是带动其机构增长的关键引擎。调查还显示，只有大约三分之一的受访者认为他们的公司已在提高客户体验方面做好充分准备。虽然管理者认为应聚焦客户体验，整合优势资源，但整合数据和系统、发展战略和流程，甚至在机构内部嵌入真正以客户为中心的文化和行为的现实感和实用性都说明，这一直是并将继续是一场长期的战略博弈。

随着组织重心的重新调整，营销人员得到了一个关键的机会。营销部门一直倡导理解客户，现在这一点的重要性已经在零散的接触点以及创造链接客户旅程和无缝全渠道体验中体现得淋漓尽致。这样做还会切实带来直接商业利益。例如，经咨咨询公司和奥多比公司的一项联合调查发现，客户体验企业（拥有先进的客户体验方法来协调战略和技术的企业）70%的领导者在2020年的业绩优于他们所在行业的平均水平。但是这种"客户体验主流"企业只占整体的43%。营销实践的重要性伴随客户体验战略的重要性一起增长。营销绝对是客户理解和客户体验交付的核心，因此，向高层领导者证明以客户为中心的方法和工作方式的价值至关重要。

客户体验的挑战之一是客户期望不断变化。企业创新步伐加快，消费者与品牌互动的新方式层出不穷，解决问题，满足需求，围绕服务交付、履行和按需价值的期望正在发生变化。所谓的"快商务"的增长就是实例，即根据客户的需求在半小时内将产品送达客户手中。但随着某一行业服务水平的创新，客户的期望可能会发生变化并辐射到其他行业。例如，客户关系软件管理服务商软营（Salesforce）的研究表明，大多数客户表示他们在一个行业的消费经历会影响他们对其他行业的期望。这说明营销团队需要不断实验和创新，才能跟上这种不断变化的竞争格局和不断发展的客户期望。

营销应该如何应对这些重要的转变？对营销来说有两点：一是增强

对客户的了解，二是证明营销对组织的基本价值——把营销定位为增长的驱动力，而不仅仅是企业成本。这需要提高创造力和数据驱动决策在满足客户和业务需求方面的价值。意味着通过持续的客户反馈和使用数据来优化和提高有效性和效率，会实现更高层次的敏捷性。例如，经咨咨询公司和奥多比公司的数据表明，洞察速度（理解、解释和处理客户输入和反馈的能力）快的企业在2020年下半年更成功，在增加营销、客户获取和保留预算方面表现更好。尽管现在许多公司的数据相对丰富，但在该调查中，只有23%的高管认为他们的公司在获得准确见解的速度方面"非常强大"。

前路漫漫，但机会之门对每个营销团队都是敞开的。制定一个增长战略，不仅将营销置于客户体验和以客户为中心的思维和工作的核心，也将在更大范围内，提高业务敏捷性，带来更大增长。

促进以客户为中心

咨询公司弗雷斯特（Forrester）将面向未来的技术战略定义为：

以客户为中心的技术方法，让公司快速重新配置业务结构和能力，满足未来客户和员工的适应性、创造力和弹性需求。

研究表明，那些践行面向未来技术策略的公司其增长率是竞争对手的2.7倍。这个方法的关键是，企业要很好地思考敏捷营销的真正含义，将组织适应性和敏捷性与客户痴迷结合在一起。每家公司都愿意相信自己是真正以客户为中心的，但现实往往并非如此，他们显然最终没有以客户为中心创造企业价值。这样的例子比比皆是，比如糟糕的全渠道体验（很遗憾，太常见了）、阻碍解决问题的互操作性挑战、跨接触点不一致体验，一些公司将客户服务问题汇集到一个表述不清的常见问题页面或自动电话菜单中，这些页面无法回答客户的问题，客户很难找到一个真实的人进行交谈。这样的例子还有很多。笔者认为，这样做很难获得良好的客户体验。企业通常既需要连通的系统和数据，还要在企业中形成真正的客户至上文化，并将其纳入团队工作结构中。遗憾的是很多团队和企业经常优化组织结构，但往往只考虑自己，不考虑客户。团队努力实现的目标和激励措施通常以业务为中心，而不是以客户为中心。企业更加重视效率，不太关心客户满意度。

这需要从根本上进行转变，强调价值需求（帮助创造更多价值）而非失败需求（处理不良结果）。在本节开头的定义中，弗雷斯特使用了"客户至上"一词。说到"客户至上"，最著名的企业莫过于亚马逊了，亚马逊简直就是"客户至上"的代名词。亚马逊的使命宣言始于这一基本宣言："我们的目标是成为地球上最以客户为中心的公司。"亚马逊以此表明自己将不断提高客户体验的标准，使用技术为消费者、企业和内容创作者赋能、提供帮助。这可能与其他公司声称他们希望成为同类别中以客户为中心的最佳企业一样，但亚马逊确实与这一理想同呼吸，共命运。贝佐斯曾谈到，亚马逊的每个人都奉行客户至上，不管他们在哪个部门工作，其基本经营理念都是"从客户需求出发"。像贝佐斯自己说的那样：

我们从客户开始，然后逆向工作。我们学习服务客户所需的任何技能，我们开发任何我们需要的技术来服务客户。

亚马逊通过多种方式将这一理念付诸实践。亚马逊的经理和领导者每年都会在呼叫中心待上一段时间，以了解客户遇到的挫折和问题。亚马逊每次开会时，旁边都会放一张空椅子，椅子代表着客户利益，提醒亚马逊员工：客户对公司的每一个决定都有发言权。团队目标和绩效指标尽可能地与客户体验保持一致（例如，设定500个可衡量的目标跟踪绩效，其中80%与客户目标相关）。整个公司都使用数据和数据驱动的决策来改进和持续优化客户结果。亚马逊围绕客户需求，保持无与伦比的创新步伐，不断提高效率，为客户带来利益（例如，亚马逊持续关注页面加载时间，因为他们相信页面呈现的延迟每增加0.1秒就会导致客户活动下降1%）。当然，亚马逊还在整个业务中大规模应用敏捷营销方法，使团队能够迭代并不断改进以客户为中心的指标。

以客户为中心的理念是一回事，真正践行这一理念则是另一回事。敏捷营销方法和客户至上文化将客户置于价值创造和团队运作的中心。美国流媒体巨头奈飞（Netflix）前副总裁吉布森·比德尔（Gibson Biddle）曾描述过，奈飞持续关注客户，这不仅仅是倾听客户意见，还在于通过"消费者科学"进行测试和学习。这已经超越了对客户需求的理解，不是根据现有需求，而是根据预期的未来需求进行开发和交付。既要客户当下满意，还要客户长期满意；既要击败竞争对手，还要开拓新领域。这是敏捷营销的机会，也是营销人员将客户情结融入团队工作和决策的机会。

敏捷营销不是……

想要真正实现营销团队敏捷化转型是件严肃的事。虽然说好处很多，但难题同样不少。领导者和组织需要有意愿实现真正的变革。敏捷营销不是在团队中引入一些敏捷仪式[①]，等着改变发生，而是建立宏大的愿景，全面理解敏捷原则，调整心态，不断适应变化的环境。这不是一夜之间就能解决的问题，而是一个不断发展的过程。

[①] 仪式即会议，是敏捷方法的重要组成部分，敏捷仪式一般有冲刺计划会议、每日站立会议、冲刺评审会议、冲刺回顾会议、待办事项梳理五个。——编者注

第三章　敏捷营销的过程和原则

"第五个P"——过程

前两章谈到，由于数字技术发展、环境快速变化，经典的4P营销理论也随之发生了根本性变化。本书侧重于讨论在现代社会中，应用敏捷原则和实践激发整个团队的执行力，达成企业目标。我们把这一点概括为该模型的"第五个P"，即过程（Process）。过程是营销实践的基本组成部分，是对4P营销理论的补充。过程即是我们实现其他4P的方式，同时具有适应性、敏捷性和数据驱动性的特点，确保战略和执行真正以客户为中心。

敏捷的过程和原则

敏捷一词来源于2001年在美国犹他州雪鸟滑雪胜地举行的一次敏捷方法发起者和实践者的聚会。工程师们对瀑布式开发等模式的僵化感到沮丧，大家聚在一起讨论如何通过更轻量级的开发实践带来更好的结果和学习。更具适应性的开发方法几年前就已经出现了。但敏捷宣言的诞生对定义新的工作方式、创造价值颇有帮助。四大价值陈述构成了敏捷宣言的基础（"虽然右边的项目有价值，但我们更重视左边的项目"）：

- 个人和交互超过流程和工具。
- 工作软件优于综合文档。
- 客户协作超过合同谈判。
- 响应变化而不是遵循计划。

这些价值观体现在12项敏捷原则中，这些原则详细说明了工作实践、前景、方法和期望。加以总结，我们就能提炼出整个敏捷项目管理中最精髓的原则，具体如下：

- 最优先要做到的是尽早地持续交付有价值的软件，让客户满意。
- 欣然面对需求变化，即使是在开发后期。敏捷过程利用变化来为客户创造竞争优势。
- 频繁地交付可工作的软件，从数周到数月，交付周期越短越好。
- 在整个项目过程中，业务人员和开发人员每天都在一起工作。
- 以受激励的个体为核心构建项目。为他们提供所需的环境和支持，相信他们能够完成工作。
- 在团队内外，面对面交谈是最有效、最高效的沟通方式。
- 可用的软件是衡量进度的首要标准。
- 团队不应该负担过重，要能够保持稳定的工作节奏。
- 不断地关注客户需求、对技术精益求精、对设计不断完善将提升敏捷性。
- 要做到简洁，即尽最大可能减少不必要的工作，这是敏捷的根本。
- 最好的架构、需求和设计来自组织的团队。
- 团队应该定期反思如何提升效率，并以此调整自己的行为。

敏捷宣言一经发布，敏捷过程就迅速获得关注，很快出现了许多不同的方法（Scrum、看板、XP、SAFe等）[1]，每种方法略有不同，但都属于敏捷框架的范畴。这些方法彻底改变了技术和软件团队的工作方式，帮助我们更好地应对不断变化的需求。多年来，敏捷方法论已经远远超出了技术范畴，敏捷思维已嵌入企业战略和运营，为企业发展提供了更多机会。这种转变也说明，广泛应用敏捷实践和文化，会让更多部门从中受益。营销也不例外。

狭义的敏捷和广义的敏捷

狭义的敏捷是快速、持续地向客户和企业交付有价值的软件，要求同时反映客户需求和企业目标，但其核心是以用户需求为导向开展日常工作。狭义的敏捷平衡了愿景（明确的目标或结果）与迭代（自适应交付），这样一来就打破了线性过程中僵化的思维定式，让团队能够通过交付和反馈循环不断学习。

狭义的敏捷与方法论和过程有关。前面提到，敏捷宣言一经提出，就随之出现了许多不同的敏捷开发方法，后文会谈到，敏捷营销不是方法论

---

[1] Scrum 是一种迭代式增量软件开发过程，应用于敏捷软件开发，是目前应用最广泛的敏捷方法；看板是敏捷开发的一种实现模式；XP 即极限编程（Extreme Programming），是一种轻量级、高效、低风险、柔性、可预测的、科学的软件开发方法；SAFe 是 Scaled Agile Framework 的简称，意为大规模敏捷框架，是用于在企业范围内定义和实施敏捷软件开发过程的最佳实践和经过验证的成功模式的集合。——译者注

集合，没有一套单一、固化的方法能够适用于所有情境和团队。但是，有一些基本原则可以加以应用。本书的第三、第四部分将阐述这些原则和方法的定义，以及战略制定与执行的方法。在最高级别上，笔者将从战略制定到执行分别对最重要的敏捷营销原则加以讨论。

敏捷营销策略

- 在清楚地了解来龙去脉、情况和环境条件下，态势感知对地面策略的重要性不言而喻。
- 基于过往经验和信息，利用实时数据为决策提供信息，同时深入思考未来。
- 了解要解决的问题，练就应急应变能力。
- 设定清晰的愿景、目标和结果，强化问题导向，提升衡量标准。
- 将愿景转变为连贯的策略。
- 关注结果（目标）而非产出（解决问题的方法）会如何帮助团队保持适应性，避免路径依赖、产生偏见。
- 将大型项目和战役分解为较小的增量和任务。

敏捷营销执行

- 使用敏捷原则执行策略。
- 组建小型跨学科团队，一起交付价值，同时协调各团队工作。
- 使用冲刺[①]来交付价值，包括：

[①] 冲刺（Sprint）指敏捷团队完成一定数量工作所需的短暂、固定的周期。——译者注

- 从总体项目或目标中生成待办事项。
- 容量规划和定期优先级调度。
- 快速迭代反馈。
- 工作速度跟踪。
- 使用假设和"安全失败"[①]实验。
- 通过评审和回顾快速学习。
- 衡量结果和价值。

这些原则将为你在营销中运用敏捷营销方法和思维模式提供行动方案。接下来，本书将讨论如何以务实的方式扩展敏捷营销方法，减轻依赖关系，使团队保持一致，并为营销团队生成可行的敏捷结构。同时，还将阐述数据驱动的决策如何在支持应用程序和执行方面发挥核心作用。

方法论很重要，更重要的是这种新工作方式真正成形并嵌入组织实践的文化和行为。这就是广义的敏捷。本书除了列出敏捷营销方法的核心基本原则，所撰写的大部分内容都是关于团队如何运用广义的敏捷来实现优化。这涉及团队文化、期望和行为，包括工作方式蓬勃发展的环境和真正实现高绩效的环境。它融合了文化规范，促进了敏捷实践和思维在营销团队内外的扩展。

---

① 安全失败（fail-safe）是软件开发术语，指出现失败时不会中止操作，且尽量避免出现失败。安全失败实验指在复杂环境中，用安全失败来探测、感知和响应各种测试结果。——编者注

敏捷思维模式推进流程优化工作

如果敏捷营销既关乎方法论，也关乎思维模式，那么我们应该认识到，转变关键思维模式和在转变中遇到的挑战都会成为采用和扩展敏捷营销的拦路虎，这一点很重要。接下来笔者将根据多年来在不同组织中实施敏捷的一些经验和咨询经历说一下敏捷思维模式。

不确定性　在线性项目和工作中，我们更习惯准确判断在项目执行的特定阶段自己的工作进展（例如，到某个日期我们将获得多少客户）。实际上，这些判断主要基于现有知识或过去的数据做出，没有考虑情境变化，因此很少有正确的。如果将这种行为应用到敏捷环境中就会出问题。因为团队最终会将注意力放在实现特定目标上，而忽视真正该做的事：寻求在最短时间内实现客户和商业价值最大化。这样一来团队重新陷入线性交付流程，偏离了真正的敏捷性和适应性。在敏捷交付中，团队始终在不断调整，我们无法提前准确地说出团队处于哪个工作阶段。这种不确定性可能会让利益相关者难以接受，特别是当他们已经接受了几十年的线性思维时。

风险　为了应对不同意见，随着项目的深入，确定这些过程如何从本质上减轻、减少风险就大有裨益了。敏捷营销方法是从把一个大目标分解成更小的、可管理的任务开始的。在与真实客户完成验证测试之前，每个任务都可以看作假设。随着流程推进，在过程中进行测试和学习可以有效地将假设转化为有效的学习，从而降低风险。

失败 我们都听过关于拥抱失败和快速失败[①]的陈词滥调。这没什么太大帮助，失败本身并不是目标。这也可能给围绕"失败不是一种选择"的理念发展了数十年的企业带来了巨大的文化挑战。把重心放在学习上，放在团队如何从成功和失败中快速学习会好得多。开放的学习环境会让团队具备尝试、试验和验证假设的能力。

完美 企业通常习惯于线性工作方式，包括做大量前期工作来获取输入和需求，为设计解决方案提供信息，然后以相对固定和严格的方式执行。确保每件事都完美，至少尽可能完美的需求已经嵌入了思维。然而，敏捷实践提倡平衡好与快。例如，"足够好"意味着，如果情况合适，最好通过有瑕疵的测试快速采取行动，而不是等着拿出每个人都满意的方案。敏捷过程听起来像是低质量输出的代名词（其实不然），快速抓住良机，通过"安全失败"做出良好判断很重要。

灵活性 习惯于线性部署计划和活动的团队会发现转向更灵活、适应性更强的工作方式会让人感到不舒服。团队很容易依赖于解决问题的某种方法（本书后文将会讨论），这会降低灵活性和适应性。

开放性和透明度 快速迭代的工作需要一种开放式沟通的文化和每个人都可以进言献策的环境，还需要在工作、个人任务和团队取得的进展方面保持良好透明度。而在保护性和领地性文化中可能很难扩大透明度。

公司政治 在许多大公司内部，内斗是客观存在的，确实会影响团队效率。与来自其他部门的队友一起工作需要高度信任。适应和快速行动同

[①] 快速失败（fail-fast）是软件开发术语，指出现失败时尽可能快地中止整个工作。——编者注

样需要高度信任。高度政治化的环境可能会产生问题。

虽然敏捷营销的方法和实践都很重要，但如果应用方法和实践的环境不支持关键的思维转变，那么这些方法和实践很可能会失败。营销人员如果忽视这些问题，就会自食其果。

营销是一种持续的工作流程

敏捷营销方法不是一种策略。相反，它提供了实施营销策略更有效、更高效的手段。本书将在第三部分讨论，良好的营销仍然需要良好的态势感知、识别挑战或机遇、理解和细分客户以及明确的目标设定。在过去的几十年里，营销领域发生了翻天覆地的变化。渠道日渐支离破碎，一方面客户旅程更加复杂，另一方面大量分散的渠道也创造了更多机会，客户触点日益分散，接触方式更有意义。渠道的发展带来了营销方式的转变，不再依靠一年中的几次营销活动，而是持续不断的营销战役和全天候营销活动。随着数字化的普及，数据驱动化营销也在蓬勃发展，它通过数据分析获得实时反馈、加深理解、更好地衡量和优化营销效果。

所有这些转变都是围绕将学习和适应纳入执行核心，提供营销服务进行的。换句话说，摆脱相对固定、线性、"豪赌"的营销模式，营销战役和全天候营销活动可以同时交付，适应性更强。这样一来，营销工作不只是开展爆炸性的营销活动，更是一个持续的工作。这就需要将大型项目和广告宣传分解为更小的增量，根据不断变化的输入和反馈轻松调整优先级。要从线性固定计划转变为更加流畅、迭代的交付。

敏捷营销是一种新型运营模式，其围绕营销团队的工作方式和营销的执行方式重新定义了流程、结构和思维方式，同时为组织如何实现营销战略并以嵌入持续学习和改进的方式交付工作设定了一个模型。在营销中使用敏捷营销方法，要更好地响应市场需求变化，调整营销策略，围绕着为客户提供更优质的服务这个中心点，更有效地开展营销活动。

敏捷营销的好处

将敏捷营销方法应用于营销实践可以为企业和团队带来诸多好处，但其核心是真正以客户为中心，将敏捷思维嵌入团队的日常工作方式，同时提高营销的速度和有效性。敏捷营销同样可以改善客户和业务成果。例如，麦肯锡一项与保险行业相关的研究发现，大规模实施敏捷实践的保险企业，其上市时间比那些不实施敏捷实践的保险企业快了5~7倍，生产力提高了20%~30%，客户满意度提高了20%~30%，员工敬业度提高了20%~25%。由Agile Sherpas[1]和Aprimo[2]进行的一项调查更关注敏捷营销，53%的敏捷营销团队在实施敏捷实践后能够缩短上市时间。敏捷营销的一大好处是将客户反馈和数据更深入地引入流程，随时根据客户需求和环境变化做出调整。美国营销战略公司CMG Partners的一项研究发现，大约80%

---

[1] Agile Sherpas 是世界领先的敏捷营销培训、咨询和指导组织。——译者注
[2] Aprimo 总部位于美国，为企业组织的营销和客户体验部门开发和销售营销自动化软件和数字资产管理技术。该公司的软件旨在帮助管理涉及营销的幕后活动。——译者注

的首席营销官表示，采用敏捷营销对他们提供更好、更合适的最终产品大有裨益，93％的首席营销官表示，敏捷营销有助于更有效地、更快速地转换策略。让我们清楚地了解一下应用敏捷营销给营销团队带来的好处：

上市时间 由上述研究可知，实施敏捷营销可以显著加快交付速度。

适应性 在现代环境中，快速响应不断变化的市场环境、管理不断变化的优先事项创造了竞争优势。

效率更高 学会赋权团队，最大限度地减少交接次数。

价值交付和生产力 持续专注于优先考虑高价值工作而不是低价值工作。

改进的结果 斯坦迪什集团（Standish Group）的"混沌报告"（CHAO report）[①]表明，敏捷项目的成功率是传统项目的两倍。

持续交付价值 尽早发布、经常发布。敏捷营销是一种非常透明的工作方式，利益相关者和团队可以借此了解每个人的工作内容和状态。

团队文化和员工敬业度 敏捷团队受到激励。前面提到的Agile Sherpas和Aprimo研究发现，在敏捷转型之后，40％的敏捷营销团队报告说团队士气有所提高。

一致性和重点 明确划分的任务和指标让敏捷团队与特定目标成果保持一致，给他们带来更大的责任感。任务和衡量标准明确使团队保持目标一致性，职责明确、奖赏分明。

大规模快速学习 持续反馈和数据驱动的决策支持。

优化和创新 敏捷实践很容易应用于优化现有的主张和旅程，创造新

[①] 第三方机构斯坦迪什集团每隔几年都会对软件项目实践现状进行分析与统计，发布"混沌报告"。——译者注

的价值。

灵活性和群集问题[①]　促进整个企业资源能够以敏捷需求为导向灵活流动，并能够重新调整人员，集中精力，快速应对短期的机会和挑战。

> ### 戴尔敏捷营销
>
> 戴尔公司是一家跨国技术企业，在全球拥有一支营销战略团队，成员约有200名。公司正在将不同产品线的工作实践和方法统一起来，这表明之前的工作模式不可重复且效率低下。公司围绕敏捷结构重组了其全球营销职能，将营销团队与产品团队相互协调，共同开展工作。营销团队中的每个人都接受了通用方法（基于营销技术公司HubSpot的入站营销方法）的培训，团队在如何运作方面拥有共同的语言和流程。在30天的冲刺周期中，团队能够定期地调整优先级，继续学习、不断适应，并赋权持续交付。团队在将敏捷营销应用于营销实践七个月后就实现了效益，但团队仍然继续学习改进敏捷实践的方法。戴尔公司前营销和产品高级总监格雷格·达沃尔（Greg Davoll）说："寻找适合市场的新产品是一个迭代过程。第一次几乎不可能做好，但如果不断迭代，会磨炼出最重要的东西。"

---

① 指在软件测试中，发现缺陷越多的地方，存在的未被发现的缺陷也就越多。——编者注

第二部分

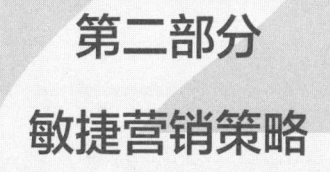

敏捷营销策略

第四章　熟悉环境和态势感知

《孙子兵法》列出了决定战争胜负、有效界定竞争环境的五个关键因素。有了这些因素，就可以列出决定成功实现敏捷营销的等效原则，带你走上成功之旅，如表4-1所示。

表4-1　敏捷营销中的态势感知

孙子提出的五个关键因素		敏捷营销元素	
因素	描述	敏捷营销原则	描述
准则（道）	领导者和团队共同的事业	愿景	我们正在努力实现共同的愿景、目标和使命
天时（天）	自然元素与力量之间的互动	环境	了解行动背景及在此背景下，为应对变化需要做出的调整。
地利（地）	战场的地理特点	途径	我们对自身处境、机会和风险的理解，我们需要制订计划来驾驭它们
将帅（将）	军队将帅应当具备的德行	领导者	需要好的领导者明确方向，激励、放权和鼓舞人心
系统（法）	组织结构、后勤支持、控制力量的规定	方法	用于执行战略的工具、方法和资源

优秀的战略和营销需要坚持目标导向，深刻理解行动方向，还要有优秀的领导者，出色的团队执行力。也要真正了解自身所处的环境，了解在当前的条件下如何能带领团队走向成功。

在良好的敏捷战略中进行态势感知至关重要，却往往被忽视。如果不了解自己的出发点，或者不知道环境在过程中会发生怎样的变化，那么为实现战略目标而设定的实施路径是没有用的。一个徒步旅行者首先需要确定目的地，然后绘制路线图来规划一天的行程，同时查看地形和天气预报，做好准备，考虑做哪些准备应对意外以保证安全。因此，敏捷营销人员需要了解当前的位置和来龙去脉，同时了解所处的工作环境以及可能遇到的挑战和机遇。还要做好准备，适应不断变化的情况。

长期以来，研究员西蒙·沃德利（Simon Wardley）认为，在考虑过去和现在的语境时，必须要了解位置和运动对营销战略的作用，以及态势感知的必要性。1000多年前，维京人通过故事、圣歌和诗歌来导航。除了故事、圣歌和诗歌，维京人还使用了大量其他更具现实意义的信息做引导。方法包括使用地标和思维导图，观察太阳、月亮和星星的位置，记录天气模式，发现某些鸟类和鲸鱼（例如，一些鸟类只在距离陆地一定距离的地方飞行，而鲸鱼往往会靠近鱼儿栖息的洋流）；利用感官，观察大海的颜色和海浪的移动方式，"闻到"陆地的气息，感受风向的变化。

维京人学习了各种各样历史和当代资料，成为世界航海王者。事实上，维京人列夫·埃里克森（Leif Erikson）是第一个踏上美洲大陆的欧洲人，比克里斯托弗·哥伦布（Christopher Columbus）早了大约500年。因此，在敏捷营销中，将过去的情境和现在的态势感知结合，可以更好地了解位置、制定战略、规划方向。过去的经历可以创造有价值的学习。然而，我们也要承认，环境在不断变化，我们需要时刻考虑当前的情况。19世纪普鲁士军事指挥官赫尔穆特·冯·毛奇（Helmuth van Moltke）[①]有句名言：

[①] 又称老毛奇，普鲁士军队总参谋长。——编者注

任何作战计划在接敌之后都会变成废纸。

西蒙·沃德利指出，我们可能一开始就制订了赢下一盘国际象棋的游戏计划，但是棋子走法和位置的改变导致了策略的改变和调整。换句话说，正是在特定情境下我们才能获胜。营销环境瞬息万变，结合对过去的认知和对我们基本立场的理解，根据最新已知输入和环境快速适应执行，从来没有像现在这么重要过。

总之，良好的态势感知建立在对过去、现在和未来语境的深刻理解之上。读懂过去、认识现在，过去可以当作现在的历史背景、思想和认知的来源。"现在"反映当代思想意识，让我们得以判断何时需要做出调整、转变方向。我们可以为未来设定目标，通过认识环境变化来创造新的可能性。然而，其中每一种情境都带有特定的挑战，如果我们要正确地应对这些挑战，就必须正确认识它们。

过去：倒退着走进未来

我们透过后视镜看现在，倒退着走向未来。

媒介理论家马歇尔·麦克卢汉（Marshall McLuhan）的这句话表达了他的信念，即未来往往取决于许多人无法理解甚至无法承认的过去。历史可以为现在塑造有价值的背景，让人了解现状、学习知识，避免重复错误或做出糟糕的决定。"倒退着走进未来"这个概念在几千年前就出现了。在古代美索不达米亚，人们普遍认为，清晰地认识过去可以让我们知道如何管理未来并为未来做好准备。

同样地，营销人员在敏捷营销中总结经验、提高本领，才能不断提高应对风险的能力。例如，许多经典的营销和广告理论在今天仍然意义非凡。了解品牌的历史有助于塑造品牌定位，挖掘品牌故事，还可以提供有用的思路和方法，克服以前的困难。忽视过去是危险的。然而，这种倒退到未来的想法也有几个内在危险因素：

● 本书前面讲过，人们总是习惯透过旧视角看待新问题。一旦有了新的可能性，我们就会对这些可能性应用现有的假设、格式和背景。这种拟物化有时很有效果。例如，在图形用户界面设计中，看到计算机桌面上的回收站图标，会把不需要的东西统统扔进去。然而，这往往也会错失重新设计和创造的机会之窗。

● 学习过去的经验时，我们往往会低估特定示例的背景环境，造成过度概括或对模式的误解。比如，我们可能只从成功或有效的示例中获得外显学习，而忽略不成功的示例。

● 习得的实践当然非常有价值，但最佳实践的专断之处在于它可以总结出一种解决问题的通用方法。这意味着最佳实践可能过于笼统，让团队陷入僵局。身处复杂、模糊的环境中，追求确定性很可能导致业务流程过度标准化，对更具体的背景环境需求变更认识不足。

我们必须从过去中吸取教训，也必须时刻注意观察角度，对如何看待这些教训做出谨慎选择。史蒂芬·R.柯维（Stephen R. Covey）在他的著作《高效能人士的七个习惯》（*The 7 Habits of Highly Effective People*）中说："要注意观察角度和观察内容，要（知道）视角决定视界。"

现在：艺术即当下

在敏捷营销中，源源不断的输入可以使团队了解环境演变过程。态势感知既不是在营销项目或战役开始时的一次性任务，也不是为战略评估提供信息而定期进行的练习。团队需要关注重要的环境（例如客户行为和响应或竞争活动）变化，关注执行和战略如何适应变化。由于环境变化太快，团队不能依赖过时的信息或假设。快速反馈循环明确了可以跟踪的指标，便于团队能够了解当前环境，提高适应性。

本书后面将讨论数据可视化和数据驱动决策在帮助团队快速响应环境变化方面所起的作用，但我们仍然要考虑团队做好这项工作所需要的不同思维类型：

归纳推理　这是从特定观察中进行广泛概括的推理类型。例如，一个团队可能会从一些客户反应中观察到特定的行为模式，围绕新的或变化的客户需求提出一个理论。归纳推理的风险是过度概括，没有考虑到我们所做的具体观察之间存在细微差别。鉴于此，将广义理论框定为假设可能会有帮助。

演绎推理　归纳推理从具体到一般，演绎推理则相反，从概括性陈述开始，考虑到所有可能性，以得出合乎逻辑的结论。我们可以使用假设和测试来证明或反驳理论，使用相关的数据和逻辑来推断发生某事的具体原因。

在过程中利用输入让两种类型的推理持续相互作用往往很有用。例如，输入可能来自具体观察，这就产生了关于客户反应的理论。然后，一个团队可以围绕这个一般理论形成一个假设，进行一系列测试，推断出反应背后的实际原因。

溯因推理 团队根据不完整或不完善的信息开展工作时可能需要这种方法。这种情况下，团队可能会为一组观察结果寻找最可能的解释，继而形成假设，并测试、学习和验证。在相对未知的新环境中操作时，团队最初的猜测需要有根有据，以便开始学习过程。当团队形成假设并获得反馈和数据时，会更加熟悉环境，并能够进行更多的归纳推理和演绎推理。

未来：可能的未来

使用以前的事例或信息看问题面临的困难如同透过旧视角看待新事物，所以我们透过现在的视角看未来同样充满风险。再强调一次，我们可能无法理解环境的转变可能会改变一切，也无法将环境应用于一般的假设或预测中。虽然还有更广泛适用的经验法则，但添加一层关于组织情况的环境考虑有助于提高模型的实用性。

敏捷营销团队需要不断扩大事业，做出尝试，同时还要考虑重新构想的可能性。我们陷入了当前的思维模式，忘记了能力在不断发展，新的可能性随时会出现，我们只追求渐进式改进，丢掉了雄心壮志。众所周知，谷歌将他们所谓的"10×"或"Moonshot"思维模式[1]融入公司发展创新过程中，这不是指某项指标提高10%，而是将该指标提高10倍。谷歌的"10

---

[1] 源自 Google X 实验室的一种思维模式，这种思维要求克服社会常规的小心谨慎，拥抱大胆的想法和失败。——译者注

倍哲学"要求团队从最初原则出发，打破现有假设，超越现有模型，彻底重新思考一个方案。谷歌还热衷于向核心业务以外的领域扩张，不断进军新领域。谷歌早期推出的70/20/10模型在关注核心需求的同时也确保始终有机会延伸到新领域：

- 70%的项目都贡献给我们的核心业务。
- 20%的项目与我们的核心业务相关。
- 10%的项目与我们的核心业务无关。

我们在组织中要么围绕基于已知信息的未来场景工作，要么围绕可实现的未来场景工作。但是为了避免思维受限，还要想象可能的未来，以及元素在未来可能发生的变化。约瑟夫·沃罗斯（Joseph Voros）曾在自己的作品中定义了预测的未来、有较大可能的未来、合理的未来、可信的未来甚至荒谬的未来。他的未来锥状图列出了一系列未来情景：

- 预测的未来　依照目前情况，如果一切如常，会发生什么。
- 有较大可能的未来　有较大可能发生，但与当前趋势及其轨迹有关。
- 合理的未来　可能会发生，但可能性较小。
- 可信的未来　不太可能也不太可信，但由于环境或形势变化，可能会发生。
- 荒谬的未来　目前是不可能的，但仍然可以刺激团队打开新思维。

回顾未来锥状图时，战略专家迈克尔·巴克斯特（Mike Baxter）描述了不同级别的未来场景所需的规划。可以通过考虑特定变化发生的概率和它们对轨迹的影响程度来规划较大可能的未来场景。我们不需要围绕合理的未来和可信的未来场景进行规划，但要警惕环境变化，这些变化会增加其发生的概率或可信度。规划可信的（甚至是荒谬的）未来场景可以用来练习扩展团队思维，为应对环境的变化做好更充分准备。还可以帮助团队思考需要做出哪些改变才能使它变得合理，团队可以做些什么把这个合理的未来变得可行。

最重要的是要意识到自我认知偏差在这些转变中所起的作用。在《思考，快与慢》（*Thinking, Fast and Slow*）一书中，丹尼尔·卡尼曼（Daniel Kahneman）指出，人们对事件状态的概率变化（例如，赢得某件东西的概率）的重视程度是不同的。人们非常重视概率从0变为10%，换句话说，即将某事从不可能变为可能。虽然转变都是类似的，但我们通常认为这比概率从40%跃升至50%容易得多。这看起来很合理，但我们也要认识到低估从不可信到可信、从不可能到可能存在的风险。人们最关心从90%提升到100%，或者换句话说，从可能的情况变为确定的情况。本书的后面会提到，在我们研究推广敏捷营销的时候，大脑会受到认知偏差的影响，造成决策错误，甚至可能使整个项目脱轨。人类喜欢确定性，但追求确定性也会降低我们在流程中的灵活性和适应性，减少我们在成功和失败中尝试和学习的意愿。

像看天气一样看策略

大家都认同：离预测时间越近，天气预报的准确度就会越高。预测一个月后的某一天是晴天还是阴雨天，自然比预测明天的天气更困难。然而，不知何故，在战略上，即使结果与实际情况相差甚远，我们往往还是期望能够精确地预测结果。这可能在稳定、缓慢的环境中是可行的，但在具有多个变量的环境（如天气）中很快就会行不通。因此，团队必须接受这样一个事实：他们越往前看，就越难准确地定义一个单一的事实。然而，团队仍然需要方向和愿景。如图4-1所示。

对团队来说，这是一个具有挑战性的再平衡。团队必须有明确的短期目标和长期方向。奈飞就是一个很好的例子。奈飞为未来（即娱乐业）设定愿景，范围很广，足以框定一个方向和观点，但又足够宽松，允许在实现愿景方面保有足够的灵活性。本书的第四部分将提到，实现敏捷营销的关键之一就是这种理解上的再平衡。团队需要一个长期目标，来决定前进方向。目标应该是一个鼓舞人心的愿景，足够有亲和力，让人感到有压力但并非遥不可及，涵盖面也要足够广，使团队能够通过不断适应和迭代找到实现该愿景的最佳方式。然而，团队还需要更细致地了解工作和摆在他们面前的短期目标。这些目标的颗粒度要更具体、更集中、更加可理解。

驾驭复杂局面，需要应急机制

在敏捷营销中，首先要了解我们工作的环境和做出决策的环境。在解决问题时，首先要搞清楚问题的类型。

戴夫·斯诺登（Dave Snowden）提出的Cynefin框架（Cynefin Framework）特别有用，它结合决策与背景，列出了"最佳实践"和更多新兴方法之间的区别，如图4-2所示。

图4-1 像看天气一样看战略

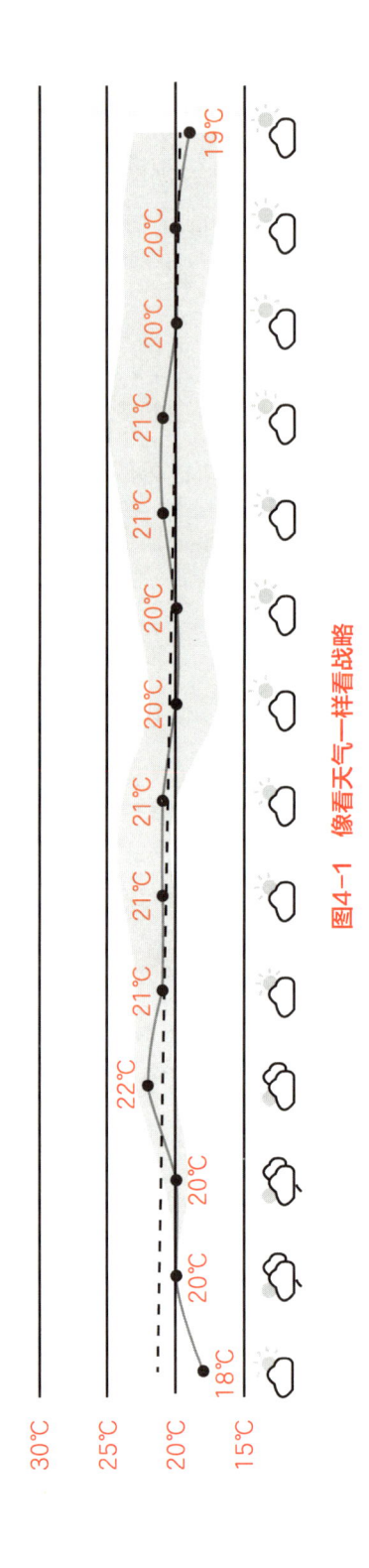

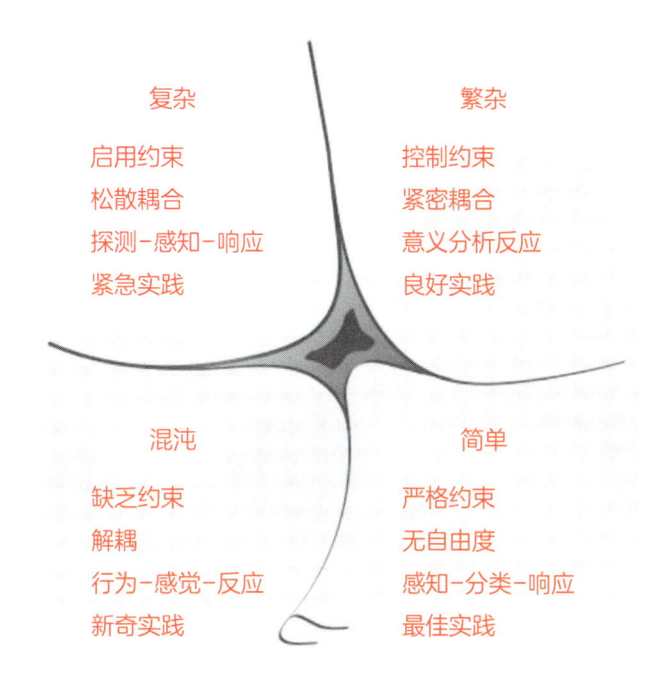

```
复杂                    繁杂
启用约束                控制约束
松散耦合                紧密耦合
探测-感知-响应           意义分析反应
紧急实践                良好实践


混沌                    简单
缺乏约束                严格约束
解耦                    无自由度
行为-感觉-反应           感知-分类-响应
新奇实践                最佳实践
```

图4-2　Cynefin框架模型

来自：维基共享资源，2020年10月。

简单场景　以明确的因果关系、已知的情况和反应或稳定、缓慢变化的环境为特征。由于这些场景都是以前遇到过的或熟悉的条件和情况，是最佳实践领域，因此企业和团队知道如何应对。团队可以开发已知流程、制定应对清单。在此背景下，敏捷营销可以（通过流程创新）循序渐进、不断迭代，随着时间推移，提高工作效率。但问题也随之而来，团队成员可能会变得自满，也就是说，会错失挑战或提高的机会。

繁杂场景　与简单场景相比，繁杂场景有更多的变量和答案，需要更多的分析才能确定正确的答案。因为答案众多，效果不会马上显现，此时就需要良好实践而不是最佳实践。这个领域要求经验和专业知识。在敏捷营销环境中，团队需要依靠经验，参考专家意见，分析和学习复杂的挑战。相关的风险包括过度分析会减慢团队运转速度，专家可能对某些解决方案产生偏见等。

复杂场景　涉及许多变量，也涉及不断变化的环境和背景，高度的不可预测性通常会让追求确定性的团队采取命令与控制机制。因此，需要解决的困难也会随之不断变化，在这样的环境中，快速学习和适应的能力至关重要。团队需要通过应急机制找到最优解决方案，使团队能够以"安全失败"的方式进行测试、学习和试验。敏捷营销显然会促进团队快速学习和适应，能更快速地应对瞬息万变的挑战。

混沌场景　在戴夫·斯诺登的模型中，第四种类型没有可识别或可管理的模式，因此必须采取明确、果断的行动，尽快建立某种秩序，提高可预测性。人们认识和处理这些复杂系统，使之复杂化而不是更混沌，这时就需要使用敏捷方法应对突发挑战。

如果简单场景是已知的，那么繁杂场景代表已知的未知，而复杂场景很可能是未知的未知。团队只有认识到他们所面临的挑战和环境类型，才能做出正确的反应。最佳实践在团队确保遵循既定程序的情况下很有用，但由于环境的变化，最佳实践的定义可能也会随之改变。最佳实践不够灵活、过于简单或毫无挑战都可能会引起不必要的风险。当今许多环境和挑战都处于复杂场景中，建立具有适应性和学习性的突发机制变得势在必行。

第五章　适应性策略

逆向工作

营销团队良好的态势感知来自对市场、竞争环境、定位以及客户类型和需求的了解。营销团队应把握好这些关键要素，根据业务需求创造机会，制定团队必须交付的目标，制定高水平营销策略。敏捷营销也不例外。敏捷营销的根本在于转变思维方式，创新营销策略。

本书后半部分将讨论数据在态势感知和客户理解方面所能发挥的巨大作用。这其中有一个强大的原则在起作用并贯穿营销策略始终，那就是逆向工作。除了作为营销策略的核心要素（客户洞察、细分和角色生成、消息传递和目标定位），我们还要不断通过执行和交付来加强对客户的了解。逆向工作要求营销团队要不断从客户需求、愿望和行为出发，始终为客户提供最有价值的东西。这说明营销团队要持续改进和提高，以适应不断变化的客户需求。在逆向工作的整个过程中要不断利用客户行为、互动和反馈来修改和优化营销策略。这就需要在愿景和迭代之间取得平衡。

前文提到，亚马逊提出的"从客户开始，逆向工作"，阐明了团队工作的基本理念。为了在项目开始时更好地了解客户，亚马逊定义了五个核心问题：

1. 客户是谁？
2. 客户的问题或机会是什么？
3. 最重要的客户利益是什么？
4. 你如何知道客户需要或想要什么？
5. 客户体验是什么样的？

这些都是很好的问题，便于团队从一开始就把客户理解纳入战略。这也与从客户洞察开始、确定客户需求和机会、细分客户类型、确定相关消息传递的良好营销实践有很大的相似之处：为客户机会和我们的计划提供一个愿景。如果我们要在实现这一目标的过程中真正做到迭代，还需要一定的灵活性才能真正做到适应。

这种愿景和迭代之间的平衡在亚马逊的逆向工作文件中得到了很好体现，是亚马逊典型的商业案例。文件可以由亚马逊任何一个有新建议想法的人创建，书面叙述结构方式相同：

- **标题**　以目标客户能够理解的方式命名产品。
- **副标题**　描述产品的市场受众是谁以及他们获得了什么好处（用一句话描述）。
- **摘要**　产品及其优点的摘要（假设读者不会阅读有关该想法的任何内容的简短描述）。
- **问题**　描述你的产品解决的问题。
- **解决方案**　描述产品如何巧妙地解决问题。
- **你的报价**　来自贵公司发言人的报价。
- **如何开始**　描述如何轻松地开始工作。
- **客户引述**　来自典型客户的引述，说明他们如何体验产品带来的好处。

- **结束语和行动号召** 总结并提出读者下一步应该如何行动。

亚马逊的逆向工作文件很好地平衡了自适应交付与明确结果之间的关系。它首先明确定义了正在解决的客户问题，保证从一开始就融入客户的理解。之后，阐明了如何巧妙又令人兴奋地解决该问题的方法，形成了强烈的愿景或目标结果。与许多组织的商业案例不同，该文件没有教团队制订一个线性、连续的解决方案，而是设定了一个起点，允许团队通过交付过程来学习和调整，保证交付结果最好。

这里的敏捷学习并不是说团队缺乏方向。敏捷营销团队仍然需要预设一个愿景和目标。然而，过于僵化和线性的计划将限制团队在整个过程中的学习和适应性。给予敏捷营销团队所需的灵活性非常重要，他们需要不断地使用反馈来迭代和优化，同时仍然对整体结果或目标负责。

设定目标和结果

不言而喻，清晰地表达营销目标是营销策略的重要因素。应采用目标管理原则SMART［即具体的（Specific）、可衡量的（Measurable）、可实现的（Attainable）、相关的（Relevant）、有时限的（Time-bound）］，明确界定相关措施以及连贯的方向和目标。

本章前面谈到了态势感知的重要性及我们需要从对客户立场和客户需求的深刻理解出发的必要性。本章后面将讨论从愿景出发逆向回溯的重要性，以及整个过程中在保持适应性和灵活性上，结果比输出更重要。然而，为了实现预期的结果，不要在项目或战役进展中做出可能使我们脱轨的假设，这一点也很重要。在敏捷营销中，愿望应该是从流程中消除尽可能多的假设。

假设可能显而易见，也可能很隐蔽，我们甚至没有意识到计划和执行中包含了这些假设。在环境不可预测或不确定性很高的情况下，假设有可能导致决策失误、浪费时间和精力，甚至产生有害结果，所以假设很可能特别危险。最糟糕的大概是一种"有毒的假设"，因为它们是组织一贯使用的做法，这种假设基本不会受到质疑。

在规划过程中，丽塔·冈特·麦格拉斯（Rita Gunther McGrath）的发现驱动规划概念是一种有效方法，可以预先确定潜在假设。这一假设基于以下几点，在计划结束时，为需要交付的内容设定一个明确结果，在开始之前问一个简单的问题：**为了实现这个结果，需要什么条件？** 在稳定或变化不大的环境中，我们都认为可以依靠过去的数据或事件做出合理判断，预测项目或战役的进展情况。然而，当环境越发不可预测或迅速变化时，这些假设就很容易过时了。敏捷营销寻求预先承认假设，通过测试和数据驱动的决策过程将这些假设转化为有效学习。此类假设可能与客户需求、认知和行为有关，也可能与营销活动的影响有关，甚至可能与将要使用的系统及团队如何工作以优化结果有关。一开始就提出什么才能实现产出，能够让团队首先思考产出之前所有潜在的假设，然后通过测试和学习过程来验证。这有助于降低风险，最大限度地减少资源浪费，让团队围绕明确的目标快速学习。

将愿景转化为策略

设定明确的组织愿景和目标对于主导营销和产品策略至关重要,好的企业愿景应该清晰明确,容易理解,能为企业带来灵感和方向。然而,不知何故,情况往往并非如此。如果随机采访一些企业的员工,问他们公司的愿景是什么,可能很多企业的员工很难说出愿景的具体内容。这可能是传达愿景的方式造成的,也可能是构建愿景的方式造成的。愿景(应该是捕捉和表达企业的未来发展状态)、商业目标(企业期望完成的任务和在一定时期内需要达到什么目标)和商业使命(企业存在的原因和它的目的)之间往往会出现混淆。一个好的商业愿景需要:

● **有抱负** 表达一个鼓舞人心、富有想象力和情感上令人信服的未来状态。

● **雄心勃勃** 未来的状态既吸引人又可持续。

● **赋权** 愿景应该足够广阔,既能够让人们自主发挥,也应该足够集中,具有指导性。

● **可理解** 以可交流、可理解的方式表达。

当然,与愿景一致的商业目标应该是专注、清晰和符合SMART原则的。

拥有一份清晰明确的商业愿景和目标清单会为你的商业策略提供明确的指导方针。理查德·鲁梅尔特(Richard Rumelt)在其著作《好战略,坏战略》(*Good Strategy/Bad Strategy: The Difference and Why it Matters*)中将商业策略描述为"应对重大挑战的一系列连贯的分析、论点和行动"。鲁梅尔特认为商业策略是对许多看似合理的行动方案的一种考量,然后(以审慎、合理的方式)选择其中一个或多个行动方案,将其他方案排除在外。在鲁梅尔特看来，商业策略的"内核"包含三个要素：

1. 定义或解释挑战的性质的诊断。
2. 应对挑战的指导方针。
3. 一套为实现指导方针而制定的连贯行动。

这个定义中有几个重要的元素。商业战略需要了解立场和背景；需要确定方向；需要了解进展和目标的实现。

1974年，斯蒂芬·金（Stephen King）在智威汤逊广告公司经典的规划指南中提出规划周期，详细说明了构成规划过程的五个关键问题。根据这些原始问题，我们可以列出一个良好的商业战略所需的五个基本阶段。

1. 我们现在在哪里？

确定业务/品牌定位、竞争形势和市场环境。

2. 我们为什么在那里？

确认促成这一位置的因素，包括市场和客户背景。

3. 我们能在哪里？

确定理想的未来位置或目标/目的。

4. 我们怎样才能达到这个目标？

确定策略和计划。

5. 我们是否达到了目标？

确定策略是否有效，以及何时能达到目标。

再具体点说，敏捷营销要建立在良好的策略方向之上。敏捷并不是不计划。建立一个好的策略可为敏捷营销提供成功的重点、方向和措施。

就这一点而言，我们需要考虑商业策略影响产品和营销策略的方式。本书第一部分提到，产品和营销比以往任何时候都更加紧密地交织在一起，两者对于创造卓越、联合的客户体验同等重要。在一个产品体验不佳的平台上，用一个出色的营销战役来吸引顾客是没有多大用处的。你可以拥有世界上最好的产品体验，前提是营销部门的产品推广做得很好，不然你都无法使用产品。别忘了，你可以拥有最好的产品设计、最出色的营销策略，但如果没有技术支持，两者都会受到影响。

因此，企业需要仔细考虑如何无缝整合商业、产品、营销策略和技术这四个元素，如图5-1所示。

1. 商业策略源于商业愿景和目标，可以指导产品策略和营销策略。
2. 营销策略与产品策略保持一致，确保它们综合实现商业策略和客户体验。
3. 技术堆栈推动了产品策略和营销策略，也广泛推动了商业策略发展。

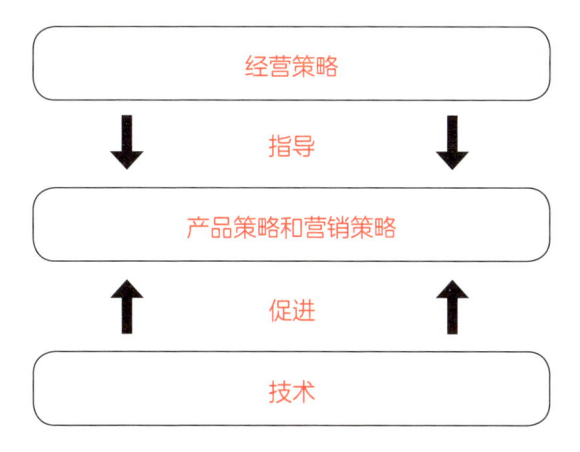

图5-1 整合商业、产品、营销策略和技术这四个元素

过程将促进这种一致性。过程从商业愿景和目标开始，愿景和目标应该清晰易懂。为了满足这些愿景和目标，商业策略也要清晰易懂。同时，设计产品策略和营销策略也是为了整合和调整实现商业策略，确保二者完全一致。

适应性策略

敏捷营销策略要求在许多方面具有适应性，这种说法并不新鲜。好的策略总是在不断发展的。前面提到的智威汤逊的规划指南描述了他们的五个问题如何形成一个不间断的循环，该循环表明"必须有一个不断学习修改和应对飞速变化竞争环境的过程"。我们回答完一个问题，就继续回答下一个。智威汤逊公司也承认，和做研究一样，这个过程也需要反馈和投入，回答每个问题（和尝试每个实验）都会促使我们重新审视之前的问题。这些问题本身是全面的，问题本身赋予人们想象力，让人无拘无束地寻找解决方案（"这是一种刺激，不是一种束缚"）。

那么，敏捷营销有什么不同呢？区别在于，借助现代化的、快速的客户反馈循环和数据输入，我们现在能够比以前更频繁、更快速地进行迭代、优化和适应。这并不是说策略应该完全变成快速执行的循环，而是说敏捷营销需要周期性地从慢到快。换句话说，敏捷营销确定方向，可以定期重新审视和规划，但在这些间隔中，执行循环使团队能够快速迭代，以交付、适应和学习，如图5-2所示。

因此，将智威汤逊的问题稍加提炼，可以将策略圈表述为：

- **我们现在在哪里，我们为什么在这里？** 用来收集相关信息，包括市场信息和背景，竞争活动和定位，客户理解、原型和洞察力、相关产品信息（如购买和使用模式或定位），对优势、劣势以及资产、产品和营销历史活动的理解。

- **我们想达到什么目标？** 用来确定目标和目的，这些目标和目的将构成你的目标状态，让你确定与之相关的措施。

- **我们怎样才能达到目标？** 定义策略（总体方法）、计划（事件的顺序）和执行［例如，RACI——谁负责（Responsible）、谁批准（Accountable）、咨询谁（Consulted）和通知谁（Informed）］。
- **我们怎么知道什么时候能达到目标？** 测量、评审和学习。

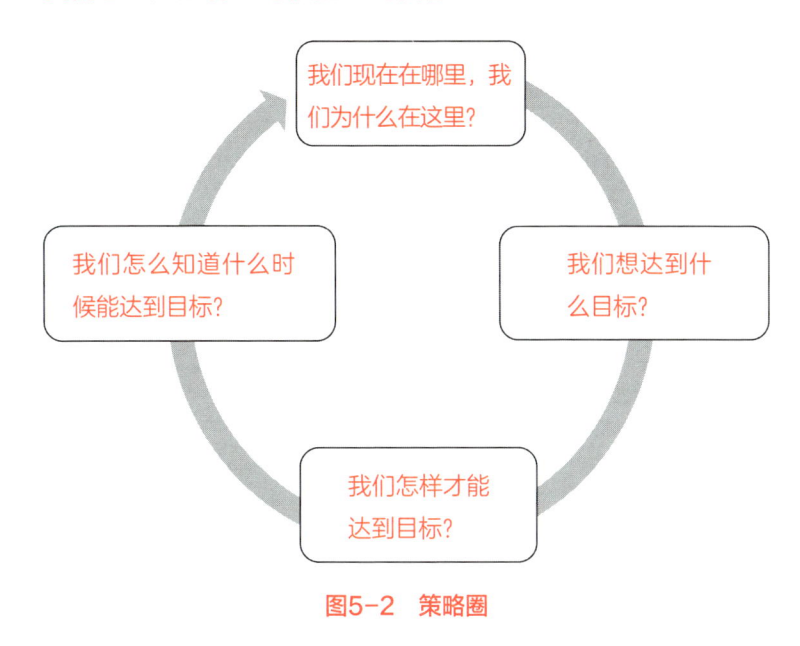

图5-2 策略圈

结果，而不是产出

在敏捷营销中，关键是要对结果而非产出进行优化。如果结果是企业想要实现的最终结果或目标，那么产出要么是帮助企业解决问题的特定方式，要么是团队为实现结果采取的行动。在快速变化的环境中，情境会快速演变，解决问题的最佳方式也会随之改变。

前面提到过，拥有清晰的目标、设定明确的结果对于寻找方向至关重要，但人们很容易过分专注于所选择的方法。这样又会降低灵活性，扼杀学习主动性。谁都不想犯错，所以我们一直投入大量时间精力解决问题，而这个过程中投入的时间、精力和预算越多，就越不想改变。我们可能认为自己对计划的发展持开放态度，但实际上却对自己制订的计划有执念。

在线性瀑布营销方法中，依赖急剧增长的路径会降低适应能力，导致决策失误。在敏捷营销方法中，在整个过程中保持良好的适应能力并拥抱变化才是关键，即使在后期也是如此。我们可以用图5-3表示这些思维方式和过程的差异。

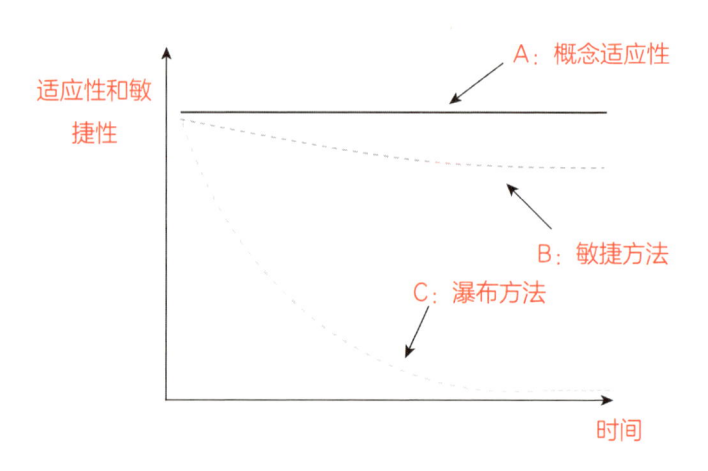

图5-3　瀑布方法和敏捷方法的适应性和敏捷性

敏捷营销人员需要意识到有几个关键偏差最容易影响适应性。

沉没成本偏差

考虑到沉没成本[①]，很多人不愿意改变策略，认为这样做的成本似乎大

---

① 管理会计中的术语，指已发生或承诺、无法回收的成本支出。——编者注

于收益：我们已经在这个项目上投入了大量时间、金钱、精力，即便半路放弃的好处很多，也不愿意这样做。

这种偏差是损失厌恶的近亲，即我们在心理上或情感上认为损失比同等收益更严重。失去一笔钱的痛苦感觉大于我们获得相同数量的钱的快乐。行为经济学家理查德·泰勒（Richard Thaler）描述了人类以相对而非绝对的方式看待价值，解释了为什么我们使用信用卡支付比使用现金支付更有可能花费更多。我们在特定的行动过程中投入大量精力、金钱时，我们可以把这些将成本与行动方向发生重大变化的相关成本放在不同的心理账户中。因此，更改的成本（无论是时间、金钱，或仅仅是不方便）似乎比改变的收益更大。这样，即使此时选择转变的效果会更好，人们也会选择保持不变。

为了克服沉没成本偏差，我们首先要承认它的存在，质疑我们在面临转型决定时不愿改变的态度。关注当前情况和未来成本，不要认为那些已经承诺的成本能有什么帮助。与目前状况和进展有关的数据都会成为决策的参考。后文将要讨论，我们还很容易受到哪些其他偏差的影响。

计划继续偏差

计划继续偏差，就像沉没成本偏差一样，即使某种选择会明显带来重大负面影响或风险，人们也倾向于维持一个特定行动方案。在航空业中，所谓的"get-there-itis"（到达目的地）现象被用来描述这样一种情况：飞行员下定决心要到达目的地时，即便目的地的飞行条件已经大大恶化，他们应该转移到另一个地点降落，他们还是会继续按照原航线飞行，在目的地着陆。

2004年，美国国家航空航天局（National Aeronautics and Space Administration，NASA）的埃姆斯研究中心（Ames Research Center）的一项研究分析了美国1991年至2000年因人为失误而造成的19起航空事故，发现这些事故中几乎有一半涉及飞行员和机组人员的计划继续偏差。研究强调了飞行员涉及的一些严重错误，包括拒绝改道到其他机场。值得注意的是，越接近终点或目的地，继续偏差就会越强。

营销人员很容易受计划继续偏差的影响，也就是说坚持策略或计划时间过长，早就过了真正应该调整方向继续前进的节点。更糟的是，在某些情况下，技术和数据实际上可以放大计划继续偏差，艾丽西亚·桑切斯（Alicia Sanchez）的悲惨故事就是一个例子。

2009年8月，来自拉斯维加斯的28岁护士艾丽西亚和她11岁的儿子一起前往死亡谷国家公园进行夜间冒险。跟着全球定位系统（Global Positioning System，GPS），她沿着公园南部一条偏僻的砾石路行驶，直到轮胎爆胎。艾丽西亚给家人发短信，这将是他们之后的5天最后一次听到她的消息。换了轮胎后，她继续跟随全球定位系统，沿着碎石路前行，在这条路几乎不能通行的情况下，她还坚持继续前行，直到她开了30多英里（1英里≈1.61千米）来到公园最偏远的角落之一。最终，她陷入了困境，她的吉普车深深地陷入了沙子里。她别无选择，只能等待救援。可怕的5天过后，一名护林员发现了这辆车，她在挡风玻璃上用医用胶带写了"SOS"（求救）。幸好艾丽西亚还活着，但她的儿子已经遗憾离世。原本有趣的旅行变成了噩梦。艾丽西亚开车依赖全球定位系统的时间越长，她的情况就越糟糕。这种事情不是第一次发生了。以前进入这个公园的人就因为过于盲从导航设备而误入歧途。死亡谷荒野协调员查理·卡拉汉（Charlie Callaghan）开始将这种现象称为"GPS式死亡"。公园内的一名搜救协调员麦卡·艾利（Micah Alley）曾说过：

人们过分依赖全球定位系统，不看窗外，无法根据看到的东西做出明智的判断。

有时我们会非常依赖技术，甚至忘记了抬头看路，判断自己在哪儿，质疑我们是否应该继续走正在走的路。

我们可以从这个悲惨的故事中汲取到一个教训：坚持一个不明智的行动会酿成大祸。有时，即使未能进行微小的进程修正也会出现一个截然不同的、非你所愿的最终结果。有时，即使看起来很小的错误也会造成严重的后果。

1979年11月28日，一架麦克唐纳·道格拉斯DC-10飞机（McDonnell Douglas DC-10）从奥克兰机场起飞，前往南极洲观光。这架新西兰航空901号班机上有30名机组人员和227名观光客，他们支付了11小时的直达往返费用，计划飞越广阔的南部大陆。当天中午左右，吉姆·柯林斯（Jim Collins）机长驾驶这架飞机，绕了几个大圈，把飞机从云层中降下来，下降到2000英尺（1英尺≈0.3米）的高度，这样乘客就可以看到下面的景观并拍照。当飞机在下午1点前从云层中出现时，机组人员并没有看到面前的麦克默多海峡和南极洲海岸线，而是看到他们实际上正要飞入一座山。当警报响起时，他们竭力操作，但为时已晚。新西兰航空901号班机坠毁在埃里伯斯火山的斜坡上，机上所有人员遇难。

这场悲剧震惊整个新西兰。坠机事件发生多年后，关于坠机原因的激烈争论一直存在，40多年后我们仍能从中感受到坠机的影响。新西兰皇家调查委员会对这起空难进行了调查，发现在飞行管理计算机中设置的飞行路径与飞行员输入的路径不同。飞行员不知道，这条飞行路线的飞行坐标在当天早上曾被改动，与旧的飞行坐标相差2度，将令飞机向东偏离28英里。尽管机上两名飞行员都经验丰富，但他们无法知道，他们飞越的不是麦克默多海峡，而是南极大陆第二高的活火山埃里伯斯。飞行坐标的偏差酿成了一场可怕的悲剧。

在空中导航中，根据"1∶60法则"，飞机每偏离预定航向1度、每飞行60英里，就会偏离预定目的地1英里。一个相对较小的偏差，会导致与预定航线很大的偏离。飞行60英里后，可能会到达离目标1英里的地方，但仍然航向正确能够看到目的地。但如果是从伦敦飞往悉尼（刚刚超过10500英里），相差1度可能意味着会抵达远离悉尼177英里外的堪培拉。完全环绕世界飞行的1度偏差会让你距离目的地超过400英里。

小偏差可能会酿成大事故。你走得越远，离预期的结果就越远。当一个小偏差或糟糕的决策与让你走上错误路线的计划继续偏差相结合时，这种情况可能会被放大。当克服意想不到的障碍需要在不断升级的承诺中进一步增加资源投入来解决问题时，又会被进一步放大（最著名的例子之一就是拿破仑进军莫斯科）。

这些故事告诉我们需要定期重新评估我们的处境，需要不断纠正方向。小事可以导致大事。在整个过程中始终使用最新的已知输入来为进展提供决策依据，保持开放，经常调整优先级有助于避免计划持续性偏差和小错误变成大问题。

证实偏差

当与其他常见偏差（包括证实偏差）相结合时，计划继续偏差会变得更加强大。这种倾向会督促我们去寻找或者解释那些能支撑或确认现有信念或观点的信息和数据。

沃森选择任务是一个著名的演绎推理测试，由伦敦大学学院认知心理学家彼得·沃森（Peter Watson）于1966年创立。该测试有不同版本，伊恩·莱斯利（Ian Leslie）给出了一个简单的例子，在桌子上放四张卡片，每张卡片一面是数字，另一面是字母，如图5-4所示。参与者的任务是证明一个陈述是真是假："所有一面有元音的卡片在另一面有一个偶数。"问题是，你需要翻开哪张或哪几张卡片来证明这条规则？现在想想。

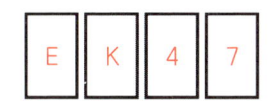

| E | K | 4 | 7 |

图5-4 沃森选择任务

如果选择了"E"和"4"，那么你将与大约80%的人保持一致。但这不是正确答案。规则并没有说辅音不能与偶数配对。所以正确的答案是翻开"E"和"7"，因为只有这两张牌可以证明这个规则是错误的。例如，如果"7"的另一面有一个元音，或者"E"的另一面有一个奇数，则该规则被推翻。设计沃森选择测试的出发点是测试人类的推理能力，但很多人都搞错了，这说明我们都倾向于寻找能证实我们信念的证据（在这种情况下也证实了规则）。

美国空军在1943年提议为轰炸机装甲板经常被当作证实偏差的例子。

当时大量美国轰炸机对德国进行空袭，返回时往往损失惨重。美国空军进行了一项研究，评估返回的飞机损坏情况，发现弹孔聚集在机尾炮手处、机翼和机身中心周围。

美国空军提议为轰炸机配备装甲保护飞机，但他们只能使用有限数量的装甲，否则飞机太重无法飞行。因此美国空军提议在受损最严重的位置增强飞机保护。美国空军邀请著名数学家亚伯拉罕·沃尔德（Abraham Wald）加入项目团队，他指出，弹孔簇实际上是在显示飞机可能被击中的地方，但这些地方被击中后，飞机还能飞回来。所有在其他区域被击中和损害的飞机才是实际被击落的飞机。所以沃尔德提议美国空军应该做与他们的提议完全相反的事情。

2013年一项针对风险资本家投资行为的研究对来自美国的五家风投（风险投资）公司进行了调查，调查认为计划继续偏差会影响风投公司的选择，风投公司会根据是否已经在早期对一家公司投资而向该公司提供后续融资。研究人员说，这种偏差可能会被一个潜在的错误假设强化：他们之前投资的时候，可获得的商业信息有限，现在他们掌握了更多可利用的信息，对再次投资更加游刃有余。此外，他们很可能高估了自己的贡献，认为既然参与其中，企业生存机会就会更大。2006年，一项名为"创业的傲慢理论"（A Hubris Theory of Entrepreneurship）的著名研究揭示了一种趋势：不管我们是否愿意承认，我们很容易就会高估自己的远见和解释的准确性。换句话说，我们对判断的主观信心通常大于这些判断的客观准确性。这会导致我们低估与我们之前靠判断得出的结论有所差别的数据。

我们从沃尔的故事中了解到，人人都渴望保持正确，过于重视从成功中学到的东西，而忽略了从失败中学到的东西。这样我们很容易误解数据或其他输入。在敏捷营销环境中，无论是成功还是失败，我们都要乐于从所有输入和结果中学习，既需要依靠数据做出更明智的决定，也需要警惕解释中的偏差，以免误入歧途。在本章的后面，我们将研究如何通过生成假设来避免证实偏差，确保团队能够通过一个过程很好地学习，在必要时纠正航向，在学习时加以验证。

输出是达到目的的手段。从新西兰航空901号班机的悲剧中我们看到，相对较小的偏差或错误也可能会对结果产生重大影响。以牺牲适应性为代价过度专注于实现目标反而可能会使团队和项目脱轨。团队要不定期停下来调整自己并且确定需要改变哪些会导致糟糕结果的计划。如果原始计划不是最优解却还要继续坚持，结果会非常糟糕。

专注于最终目标，但在解决方式上保持敏捷性，可以在方向和迭代之间取得正确的平衡。一个适应性强的团队有能力在保持敏捷性的同时，更好地学习如何实现需要的最终结果——是结果，而不是输出。

从策略到执行

劳伦斯·弗里德曼（Laurence Freedman）在他的著作《战略：一部历史》中描述了一项计划如何"假设一系列事件，使人们能够满怀信心地从一种事态转移到另一种事态"。他指出，计划很容易受到不可预测的环境和"不同且可能相反的利益和担忧"的阻挠。因此，策略需要具有适应性。

当营销多次被视为连续工作流程时，就有必要将大型计划、项目或战役分解为更小的工作块来执行，从而定期调整优先级和适应能力。在敏捷营销中，持续关注客户和业务需求之间的融合也很重要。营销的传统关注点是服务于企业需求，并将受众视为大型、同质的群体。随着客户理解变得越发复杂，客户反馈和数据更加精细，客户需求有机会更紧密地融入工作流程中。

在嵌入客户需求的同时，我们必须将商业目标和策略与营销和传播策略、营销执行和活动清晰地串联起来。与企业追求的结果无关的孤立活动是没什么价值的。

为了清晰地将商业目标贯穿营销活动，我们可以思考每一种关系是如何相互影响，又如何相互借鉴的。其中，自上而下是一连串的策略执行，但自下而上是持续的，使优化、适应甚至转型成为可能的客户反馈和数据，如图5-5所示。

图5-5 将策略与执行和执行与策略联系起来

---

① 敏捷开发中的概念，更大的"用户故事"，当一个功能具有多个场景时，需要在史诗层面实现。——编者注

因此，策略可以定义关注的关键领域（计划），进而定义战役/史诗和任务/用户故事。

● **计划**　代表产品和营销策略的长期目标，是企业通过产品和营销实现其商业目标的核心方式。计划可以影响长期工作的主题和重点领域。计划更加注重产品或营销，也同时规划两个领域的工作，因此务必保持业务、产品和营销策略协调一致。企业要通过季度业务审查（QBR）管理计划，因为可能需要超过一个季度来实施，而且它们还会被进一步细分为史诗。

● **战役/史诗**　在敏捷营销中，这些体量较大的工作可以分解为较小的任务。战役/史诗可能包含多个冲刺（当然取决于冲刺节奏）。

● **任务/用户故事**　任务是最小的工作单元。一个冲刺可能会针对多个任务交付。有时，将任务表达为从客户角度阐述的用户故事是有道理的。用户故事可以定义一个需求，通常这样表达："我（角色）想要（目标）这样（利益）。"并不是团队执行的所有事情都需要表达为用户故事，但它仍然是一个以客户为中心的有效渠道，通过它可以查看任务。

我们需牢记结果比产出重要。策略需要适应最新的已知环境，我们可以用图5-6所示的策略循环和执行循环的节奏模式来表示。

较大的策略循环代表可以根据最后已知的输入和定位（例如通过QBR）重新审视和评估广泛性的策略。较小的执行循环与交付、工作和快速学习有关，单个循环的特征是单个冲刺。

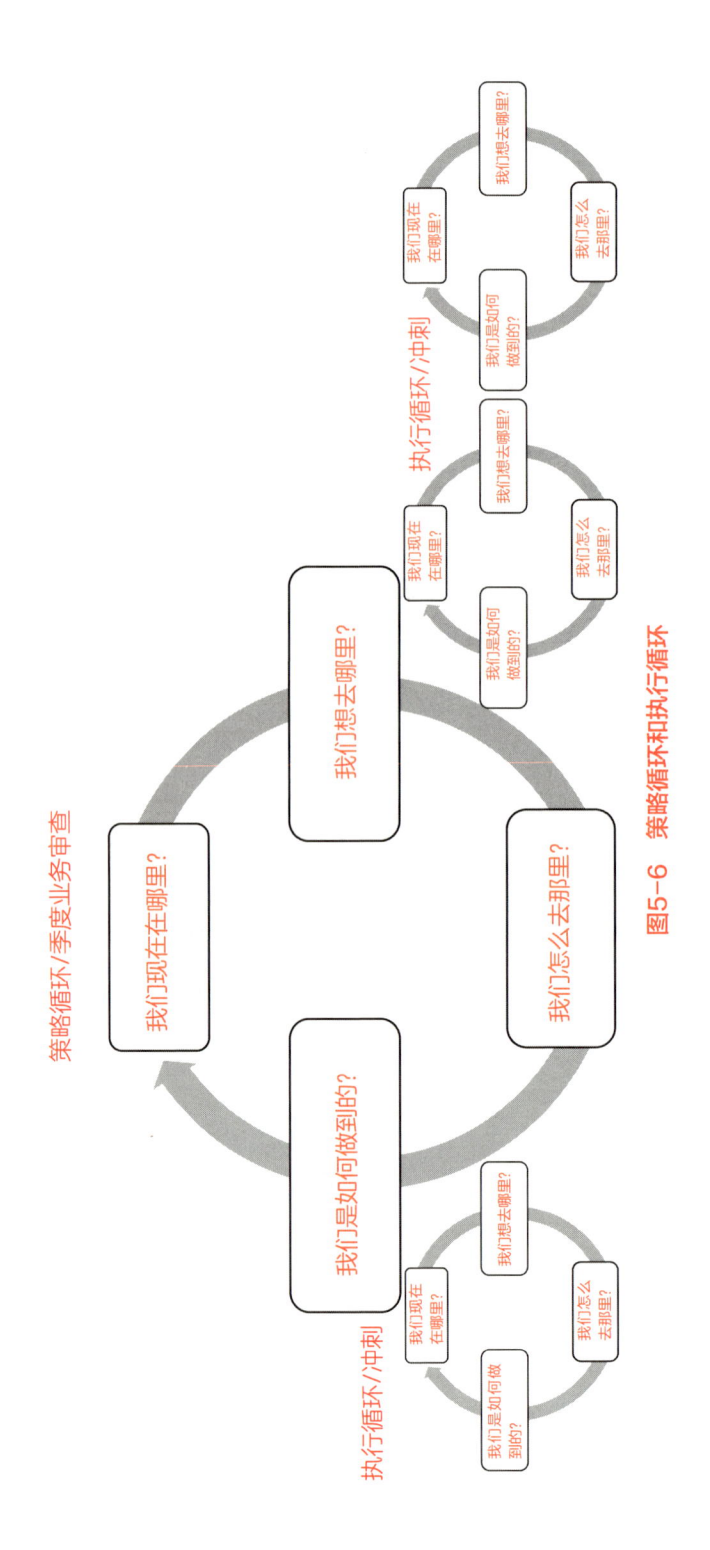

图5-6 策略循环和执行循环

第三部分
敏捷营销执行

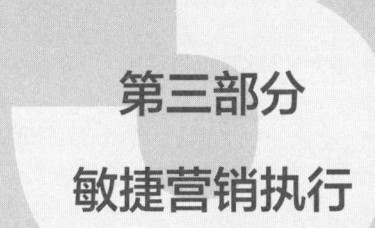

第六章　使用冲刺方法

不要迷失在方法论中

敏捷营销方法多种多样，但是，每个敏捷营销方法都有自己具体的实践和仪式，拥趸者有时会非常热衷于捍卫特定的方法。在敏捷营销中，过于坚持某一种方法有时没什么意义。所有方法都有相似的哲学、工具和方法，这显然很重要，因为它有助于团队相互理解、相互协调、相互协作和提高透明度。但是没有一种方法适合所有团队和组织。

每个企业和营销团队都有自己独特的背景，应用更灵活的方法会更有帮助。对于团队来说，找到最适合的特定实践和工作方式非常重要。设定一个敏捷框架很有帮助，但公司或团队不应该认为在实践中使用一种敏捷开发方法会妨碍他们使用其他方法。例如，一些营销团队可能会采用冲刺工作法，将常见敏捷营销方法（如Scrum）中的元素作为其敏捷营销的核心。有些团队会发现，在连续的工作流程中工作更适合采用看板方法（本书后面将讨论这一点）。一些敏捷团队还会将特定方法中的优先级框架与其他方法一起使用。敏捷营销没有唯一的方法，但要明白敏捷营销主要采用更本质的迭代自适应工作法，而不是某个团队的具体方法。你要找到适合自己的方法。制定一个概括性方法框架，既适用通用原则，也能够灵活地运用实践和仪式来测试和学习，以寻找更广泛的效益和应用价值。

我们还必须认识到，有一些从敏捷方法论中得出的基本原则在这种情况下是有效力、有价值的。现在让我们来看看这些原则。

冲刺方法

即使团队没有严格使用冲刺方法，将工作分解为有时间限制的冲刺计划，为团队构建有规律的学习和适应节奏也很有效力。这能让团队协调一致，集中精力交付特定结果，既能激励团队，也有助于将利益相关者带入旅程。

前面提到，从不同的敏捷营销方法中选取适当的元素，将其应用于自己的公司环境和需求，是很有帮助的。冲刺方法中有许多有用的仪式，帮助团队建立高效的工作方式和习惯，后文将依次介绍如何应用这些方法，但在此之前我们需要提前做出几个关键决策。

团队协调一致

在建立敏捷营销计划的过程中，如何将团队统一集中是组织面临的重要问题。在一个大型营销团队中，很可能会有专注于不同类型结果的小团队，组织需要团队协作来管理跨团队依赖关系，让团队协调一致，统一方法。管理方法有许多种，每一种都有其自身优势和需要管理的挑战：

1. 客户流程、需求状态或生命周期。

团队需要专注于端到端的客户旅程、特定需求状态或客户生命周期中的某个阶段。其优势在于，团队能够以传递客户价值的方式开展任务协调。团队与端到端的客户流程（例如，银行抵押贷款收购流程）保持一致，可以专注于流程优化创新，最大化特定结果（抵押贷款收购率）。与客户需求状态保持一致（例如，"我想搬家"）可以为团队带来更多机会，为客户提供价值，实现营销效果最大化。让团队专注于过程中的某个阶段，可以帮助团队更有针对性地聚焦于优化特定的待完成工作，并明确衡量成功（转化率）。

需要注意的是，要管理好跨团队依赖关系。当多个小团队正在处理可能重叠的客户旅程时，需求和所需的输入也可能重叠，例如，一个团队可能想要改变网站的某个特定部分，这将影响另一个团队想要实现的目标。我们将在后面讨论处理依赖关系的策略。与客户生命周期中特定阶段保持一致的小组，需要注意造成客户旅程脱节的风险，也要与影响这一旅程的不同相关团队之间进行协调。

2. 产品协调一致。

在这种情况下，产品团队可以与特定的产品区域协调一致。这种方法的好处是重点清晰，与其他业务部门工作重点保持一致，可围绕个别产品领域进行持续改进和优化。这种方法并不那么以客户为中心，因为业务需求总是优先于客户需求，所以会导致脱节的客户体验。

3. 媒体或渠道。

团队与特定媒体、接触点或渠道相结合时，会带来良好的渠道关注和优化，如何通过全渠道提升客户体验会成为一项挑战。

4. 创新/发展/优化重点。

团队专注于开发新的提议或优化现有提议。团队可以联合起来解决特定困难，围绕具有战略重要性的特定领域进行创新和优化。团队也可以围绕"开拓者、定居者、城市规划者"模型进行调整，这个模型由研究人员西蒙·沃德利提出，内容是关注创新过程中各个阶段的群体：

- **开拓者** 探索未知领域，产生新概念并尝试创造新的可能性。这个阶段失败率可能会很高，但这一切都是为了未来的创新发展积蓄潜力。

- **定居者** 将创意转化为对更多人有用的商业模式，将原型转化为产品，并建立理解。

- **城市规划者** 将新产品和服务规模化，以提高运营效率、发展规模经济。

这个模型的优势在于资源和空间专门用于创新和探索，它对需要不断提出新建议的地方很有用。它面临的风险是交接脱节、缺乏一致性。

没有唯一正确的方法。为业务选择正确的路径随所在机构的特定环境而定，如上所述，在一个大型团队中有可能采用不止一种方法，例如，有一个团队采取与客户旅程联系起来的主导方法，同时也有几个团队专注于创新和开发。引入敏捷工作方式的团队通常希望更加以客户为中心，因此围绕客户需求或流程协调一致通常是一个很好的起点。

除了考虑业务运营环境（例如，需要更多以客户为中心的工作方式，需要更大的创新）和关注要完成的工作，高效、多产地组织团队实现产出和成果也很重要。

我们稍后会讨论，在大规模推广敏捷营销之前，运行试点团队往往是学习的有效途径。在确定试点路线、工作方式转变的目标时，务必考虑：

- **学习** 企业能够通过试点项目学习到什么程度（例如，敏捷流程的最佳应用、以客户为中心的工作方式）。

- **可行性**　能够快速启动试点项目，最大限度地减少不必要的干扰。

- **资源分配**　投入资源的能力，最大限度地减少与其他团队或合作伙伴（例如代理机构）合作的复杂性。

- **影响**　试点项目是否有助于将营销定位为业务增长驱动力？商业价值潜力如何？能否带来更高的效率？

定义小队任务

一旦决定调整团队，最好为每个小队制定一个任务，定义小队目标并明确结果。

在理想的情况下，小队任务应遵循MECE原则：

- 相互独立（Mutually Exclusive）：对于一个重大的议题，能够做到不重叠，不能让两个小队同时解决同一个问题。

- 完全穷尽（Collectively Exhaustive）：团队应做到不遗漏，涵盖问题所有方面。

一个好的任务应该回答以下问题：

- 谁是你的客户/用户？你在为他们做什么？

- 企业的需求是什么？

团队应将对业务和客户需求有利的事情结合在一起。例如，分配给小队的任务可能是："设计并优化一个简单的抵押贷款收购流程，可赢利、可扩展，并支持购房者找到合适的抵押贷款解决方案。"小队要努力实现商业利益最大化，同时也要将客户的需求作为任务、工作和决策的核心。

冲刺节奏

冲刺可以以不同的节奏进行。有些团队喜欢以2周为一个冲刺阶段，而其他团队则可能认为以4周甚至6周为一个冲刺阶段更好。在设定冲刺节奏时，关键要考虑团队需要多长时间才能交付有价值的工作成果。如果团队不能在冲刺期间产生真正的输出，那么这种节奏就无法实现全部的工作价值，但冲刺时间不应该太长，以免减慢价值交付。

另一个考虑因素是确保从事类似或密切相关任务的团队遵循相似的节奏。在多个团队中拥有相似的冲刺时长有助于在更广泛的领域创建共同的节奏，同时跟踪进度、协调团队做出报告。

冲刺的关键原则

前面我们讨论了敏捷营销方法的基本原则，接下来，我们将仔细研究如何单独应用冲刺中一些有用的属性和仪式。首先，认识冲刺的基本会议很重要，如图6-1所示。

- **持续、定期地交付价值** 定义每个冲刺将产生的结果和最终交付的工作输出非常重要，这样可确保尽早且频繁地向客户和企业交付价值。

- **重新确定优先级和适应性** 冲刺阶段工作让团队有机会将适应性战略和交付纳入其运营方式，因此通过频繁地对产品待办事项进行重新优先排序，始终根据最新的已知输入和数据做出决策，这一点很重要。

- **团队能力和估计** 在计划工作时，不要让团队负担过重，要让产出和价值持续流动。这需要确定交付工作所需的时间和精力（确定工作规模）并了解团队的能力。

- **进度和透明度**　帮助小队成员了解小队其他成员的工作内容和进度，明确个人责任，从而跟上进度。工作应该保持高度透明。

- **通过评审和回顾来学习**　将学习和持续改进融入团队工作至关重要，这意味着在冲刺结束时，要召开冲刺回顾会议。这样做不仅有助于让利益相关者参与项目管理进程，团队也能改进工作方式，提高跨团队协作效率。图6-1展示了一个典型的冲刺结构。

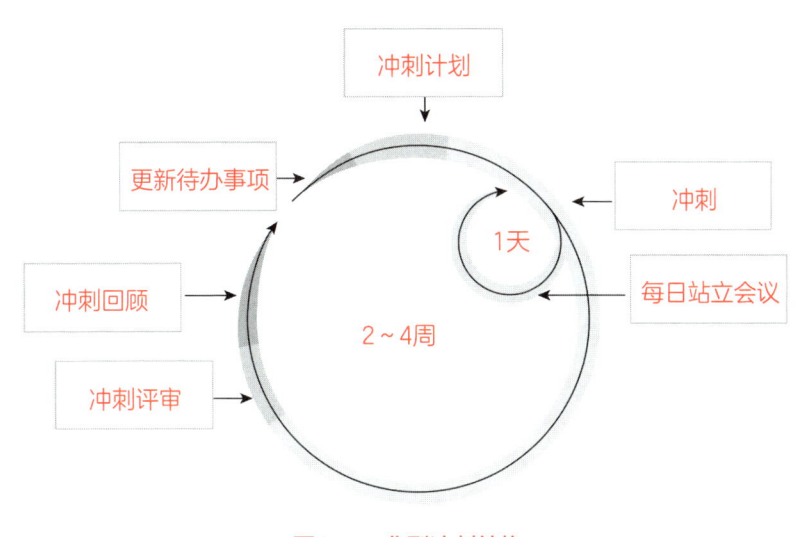

图6-1　典型冲刺结构

团队和组织通过不断扩展冲刺工作将适应性和学习嵌入运作方式。作为一种敏捷工作方式，响应和学习也是如此。我们可以通过冲刺中的每个关键元素来实现最大价值。

第七章　营销执行方法论

从营销战役到待办事项

将计划和战役分解为连续的工作和较小的增量，可以不断重新确定小任务的优先级，提高适应性。任务可以收集到待办事项中，根据最新的已知输入和环境定期重组。一个运行良好的待办事项的原则是：

● 应该对所有团队和关键利益相关者都可见。这种透明度有助于设定和管理项目预期，确保每个人都保持一致，知道下一步要做什么。还有助于创造一个相互信任的环境。有许多虚拟项目管理工具可以可视化待办事项及工作流程，提高管理透明度。

● 待办事项应与营销和商业目标明确挂钩。团队应该重点满足客户需求，同时也要为实现营销目标做出贡献。

● 待办事项可以标记为简单任务，有时也可以将其描述为"用户故事"。这涉及从用户角度阐明任务，例如，"我（角色）想要（意图），这样我就可以实现（目标）"。这种表述有助于构建客户需求（从而能够以客户为中心定义任务），无须具体说明解决方案。这样一来，团队能在一定程度上自主决定如何最好地解决这一需求。不是每个任务都可以表述为一个用户故事，但它可以鼓励团队持续关注为客户创造的价值。

- 就每项任务何时完成达成共识（在敏捷营销中有时称为"完成的定义"），对每项任务的最终产出达成共识。

- 应根据客户和业务价值来确定待办事项优先级。我们将在下一节讨论优先排序方法，而其原则是团队应该始终关注对客户和业务具有最大价值的项目。

- 待办事项决定了团队优先做什么，从待办事项中提取任务。利益相关者的请求应与其他待办事项一起考虑，了解其对客户和业务的价值。利益相关者和团队间通过对话对优先级达成一致。

- 待办事项应该是一个共享的、可见的、定期更新的资源，是团队和利益相关者共同的事实来源。

使用Scrumban[①]

如前所述，营销团队可以从不同的方法中挑选元素，以最适合其特定背景的方式加以组合。Scrumban就是一个例子，也是目前敏捷营销团队常用的一种方法。这种方法结合了迭代增量开发（Scrum）和看板（Kanban）两种敏捷营销方法，以期将两者的优点结合在一起。

Scrum方法以经典的冲刺周期和迭代时间盒为基础运作。团队一方面希望将更多的连续工作流程可视化，另一方面又发现引入看板元素很有用。后者源于制造，但涉及可视化工作流程。大型项目仍被分解为更小的工作，在真实或虚拟看板上表示（例如，要做的工作、正在进行的工作、等待测试或检查的工作、已交付的工作等）。虚拟看板等工具有助于可视

---

① 将迭代增量开发（Scrum）和看板（Kanban）结合在一起的敏捷方法。——编者注

化正在进行的工作，跟踪工作节奏和进度。这样的项目管理软件工具有很多，关键是要将其利用起来，优化工作流程，方便看到其他团队成员的工作进度和工作完成的时间。简单而言，看板上有一栏是任务/用户故事，有一栏表示任务在什么时候进入流程，还有一栏表示什么时候完成，如图7-1所示。

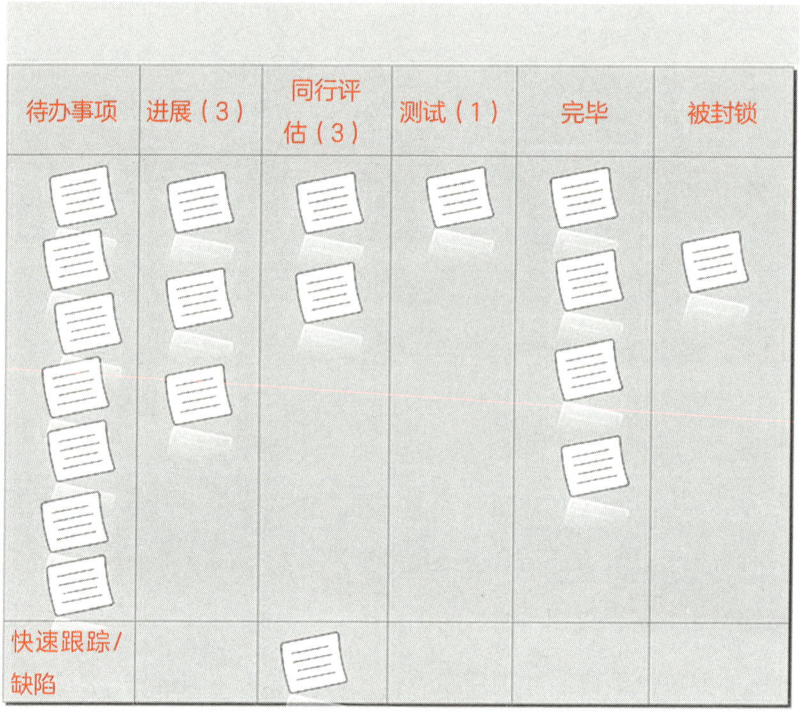

待办事项	进展（3）	同行评估（3）	测试（1）	完毕	被封锁
快速跟踪/缺陷					

图7-1　看板示例

团队将任务嵌入工作流程，对同时处理的项目数量进行限制（通常使用名为"在制品"的一种工具，即WIP[①]），以确保团队不会过载，但仍然交付持续的价值流。团队通常会衡量从请求工作到完成工作的平均时间

[①] WIP，是英文Work in progress缩写。——编者注

（提前期），并对其进行优化。这样做的目的是为客户和企业创造持续且可预测的价值流。

当一个团队在Scrumban中工作时，很可能会使用一个板子、在制品和提前期，也会使用结构化的冲刺工作法，根据最新的已知输入定期重新排列待办事项的优先级，计划下一个迭代中要用到的内容，定期进行评审和回顾。通过这种方式，Scrumban可以有效地结合两者的优点，将Scrum的迭代周期和重新优先级与看板的灵活性、可视化和透明性结合起来。

定期重新设定优先级和冲刺计划

敏捷营销团队在工作中要充分考虑对待办事项定期重新排序。这种计划和调整团队工作内容和产出的情况会发生在每个冲刺工作开始和冲刺结束时。如果工作流程连续不断，频繁、系统地重新规划优先级和计划也必不可少。

为了管理好工作流程，团队需要评估工作规模，还需要清楚在一定时间段内团队实际的工作能力。在评估中，要让整个团队参与到评估中。团队可以通过单个任务完成时间来评估计划有效性，也可以在考虑任务难度和耗费精力的基础上给任务打分。如果仅使用时间作为评估标准，很容易受到计划谬误的影响，即大家都会低估任务完成时间。依赖基于难度的打分系统，团队能更加全神贯注于解决和交付工作，而不只是任务完成时间。团队可以使用计划扑克这种估算方法。在这个过程中，团队会讨论待办事项，每个团队成员分别给各事项打分。如果分数相差很大，在达成共识之前可能需要进行额外的讨论，如果分数接近，就尽量把分差降到最低。计划扑克这样的估算方法的好处是包容、民主，还会考虑到不同的观点和投入。它可以让团队更现实地看待完成的工作量，为团队工作提供参考。

计划扑克的关键原则是团队要减少不必要的负担。团队能够就将要开展的工作达成一致，集中力量实现产出，但团队不应承担不切实际的工作量。除了承诺的工作，高级利益相关者通常（不可避免地）会向团队提出紧急请求。原则上尽可能将这些请求安排到下一个工作冲刺或计划过程中，但如果必须立即处理，就要取消其他事情的优先级。

这就需要重新确定优先级。有许多优先级划分方法，这些方法各有优点，但组织应该找到一种最适合自己独特环境的方法。优先级排序背后的原则值得注意。团队应平衡客户和业务价值，优先处理待办的任务。每个团队对各自使用的优先级排序都有偏好，但如果多个敏捷团队同时做一个项目，就需要协调一致。跨团队协作中，每个人都能了解划分工作优先级的原因、方式，减轻竞争议程可能产生的影响。仔细研究几个关键的优先级框架也对理解在这个过程中一些通用的关键原则有帮助。

例如，用MoSCoW框架对待办的任务进行优先排序，降低低价值工作的优先级。

● 必须有的（Must have）　对即将开展的工作进行详细评估，准确了解其复杂程度和/或所牵涉的时间和精力。

● 应该有的（Should have）　与即将完成的工作有关，可能在接下来的一两个月内安排。项目评估所需的细节比当前参与的项目工作量要少。要理解其存在的合理性，因为工作堆积如山，接近极限，事情就可能起变化，所以这一阶段仅仅调整工作规模并不会增加工作价值。

● 可能有的（Could have）　由于细节还会再次发生变化，离日期还远的工作细节更少。

- **本次不会有的（Won't have this time）** 关键原则是高价值工作优先于低价值工作。价值应该是我们之前讨论过的客户和商业价值之间的平衡，但平衡是持续的。团队应该优先完成高价值工作，将一些低价值的工作后移。故意提出"我们不能做什么？"有助于挑战围绕工作价值的假设以及创造空间。

团队通常在确定优先级和取消优先级方面都表现不佳。前者可能会与内部政治有冲突，违反利益相关者或团队间的竞争议程。很少有人考虑后者，因为大家都希望团队和个人继续履职，完成任务，并承担额外的项目和工作。很少有团队为了创造空间而刻意寻找可以停止的工作。MoSCoW框架的价值在于，团队一边积极思考如何实现手中工作的价值，一边全神贯注地做他们该做的工作，发挥出最大价值。

另一个常见的优先级框架（起源于SAFe敏捷方法）是"加权最短作业优先"（WSJF）。其中有一些原则很有用，比如工作经济价值和不承担工作的成本。在WSJF中，优先级等于延迟成本（定义为用户和业务价值与时间紧迫性以及工作如何降低风险或获得更多机会）除以工作规模和/或持续时间。

$$WSJF = \frac{延迟成本}{工作持续时间/规模}$$

这样一来，团队就可以对任务进行优先排序，那些延迟成本高、持续时间短的任务应该最先完成，而延迟成本低、持续时间长的任务则最后完成。利用这种方法，团队能够在最短的时间内交付最大的价值。敏捷营销团队应该时刻自问如何才能高效地投入高价值的事，摆脱低价值的工作。

反馈的价值

这条街有自己的用途。

——威廉·吉布森（William Gibson）

毋庸置疑，"专业"是品牌营销成功的关键。专家在设计、发现和推荐合适的解决方案方面的经验是无价之宝。一旦营销活动、产品或服务进入市场，在真正的互动营销开始后，反馈的力量就体现出来了。当用户开始以不同于预测的方式与营销内容、资产或主张进行交互时，产生的反馈常常会让我们大吃一惊。反馈引领我们走向新的方向。经历整个过程，会让我们消息更灵通。反馈也会激发新见解、启发新思路，还能帮助我们适应不断变化的环境和行为。这意味着我们要平衡专家建议与反馈习得，两者都是强大的工具，忽略其中任何一种都很危险。

使用反对仪式

团队常用反对仪式这种简单方法给予反馈，这种仪式是由认知优势（Cognitive Edge）提出者戴夫·斯诺登创造的。其目的是让团队能够测试、改进提案或想法，因为接受别人反馈的时候，我们往往更喜欢正面的意见，而不是负面的批评。反对仪式既不破坏团队关系，又能创造一个安全的心理环境。整个过程包括一个演讲者向一群人讲述想法，当演讲者发言时，这些人保持沉默。然后，演讲者把椅子转过来，背对小组成员，在小组成员的反馈中仪式化地表达异议（或挑战）或同意（积极的替代方案）。这使反馈变得更加人性化，反馈意见自然获得更多支

> 持，同时这也对改进想法提出了挑战。避免做出过度基于共识的决策，让计划变得更有弹性。

团队中的反馈同样强大。我们将在后面讨论在团队中建立正确的沟通规范对于快速行动和良好协作的重要性。非正式的持续反馈有助于不断调整行为、适应方法，优化团队的工作方式。反馈也是积极倾听、学习、激励和发展的好机会。积极的肯定和诚实的反馈可以帮助一个好团队成长为一个真正的高效团队。

快速反馈回路

在敏捷系统中，反馈循环带动持续改进并增强适应性。一个反馈周期大致包括：执行工作，取得进展，测试工作，投入使用，使用指标来评估工作的影响，确定调整、改进或转变的关键点。一个简单的反馈循环如图7-2所示。

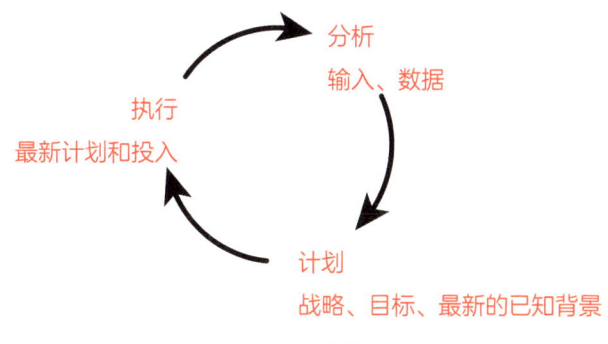

分析
输入、数据

执行
最新计划和投入

计划
战略、目标、最新的已知背景

图7-2 反馈循环

这个循环看起来类似于现有的策略或优化循环，关键差别在于频率。在敏捷营销中，团队在执行层面快速不间断地重复这些循环。虽然战略与执行密切相关，但执行都将以不同的节奏运作。"技术远见者"、作家斯图尔特·布兰德（Stewart Brand）在他的《万年钟》（*The Clock of the Long Now*）一书中提出了"节奏分层"的概念，以展示社会元素（时尚、商业、基础设施、治理、文化）运行的不同节奏。团队执行循环，获得持续反馈，这意味着这些循环比冲刺循环（如果团队正在使用冲刺）和策略循环运行得更快。如图7-3所示。

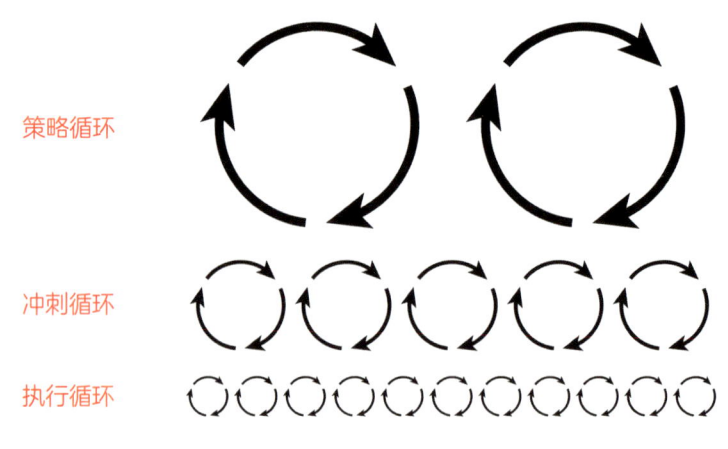

策略循环

冲刺循环

执行循环

图7-3 反馈循环节奏分层

策略循环由冲刺循环实现，而冲刺循环又由执行循环实现。应该有一系列连续的输入来实现执行优化、冲刺重新确定优先级和适应性策略。

团队需要基于输入做出更明智的决策并不断调整，为良好的反馈循环奠定基础。为了实现执行优化，团队必须考虑以下几个方面：

● **设置** 团队要及时地访问相关数据、输入或措施。如果团队需要很长时间才能做出安全的反馈，如果他们也没有相关工具，那么就会产生不可行的依赖关系。仪表板或自助服务可以改善关键数据的访问，真正帮助团队快速移动和迭代。将分析角色嵌入小型多学科团队或在集中分析团队中嵌入指定的协调人和服务等级协议（SLA协议[①]）也会有所帮助。

● **反馈频率** 团队在冲刺中工作时，需要用冲刺计划流程和回顾流程创建反馈循环，进行回顾，查看最近的已知环境并进行相应调整。即使不在冲刺中工作，当处于持续交付反馈循环模式时，团队也可以用反馈循环定期评估绩效和情境环境，以确定改进选项。关键是反馈要足够有规律，团队才能够根据稳健的数据或输入模式进行及时优化或调整。反馈不要太频繁，以免团队错过改进机会。

● **受众** 不同类型的反馈循环可以针对不同的受众，围绕客户互动和参与、团队绩效或利益相关者参与来优化关键目标。客户反馈循环可确保团队通过分析获得有关营销战役或资产绩效的及时输入。团队反馈循环有助于收集有关团队工作和绩效的频繁输入。利益相关者反馈循环能够连接战略、更广泛的业务和团队执行，可以帮助利益相关者踏上旅程。输入的范围可能从资产绩效数据到团队讨论和与利益相关者的演示对话。

团队应该使用反馈循环来获取持续的输入，推动持续适应。正确跟踪指标和其他输入的团队能够识别动态变化特征，做出相应调整，尽可能避免流程或项目结束时出现重大纰漏或意外。

很多人并没有充分认识到，反馈循环能够很好地将团队成员与他们所做的工作产生的影响和差异联系起来。它能够让团队通过直接的用户反馈、客户互动甚至只是指标变化看到客户对工作做出的积极响应。这里有一个重要的原则在起作用，作家、学者亚当·格兰特（Adam Grant）所做的

---

① SLA 协议，即服务等级协议（Service-Level Agreement），最根本的形式是服务提供者和用户之间签订的一个合约或协议。——编者注

工作更强调了这一点。格兰特曾做过一项实验,请一组电话营销筹款人筹集资金,为贫困学生提供学生奖学金。呼叫中心的工作人员流动性很大,有一次,格兰特带来了一名获得奖学金的学生与筹款人交谈,这位学生谈到了奖学金如何改变了他的生活,并让他获得了原本无法获得的教育。那次会议之后,呼叫中心工作人员筹集的平均金额增加了142%,他们在电话上花费的平均分钟数增加了171%。把人们与所做的工作造成的影响联系在一起时,他们的积极性就会提高,生产力也会提高。反馈循环对于实现这一点至关重要。

基于反馈的定期适应转变涉及重大思维方式转变,即从传统的、线性的和瀑布式的工作方式中解放出来。在瀑布式工作中,可见性在项目初期(确定范围时)和结束时(工作结果显示时)都很高,但是在项目中期,当团队集中精力完成相对固定的计划交付时,其可见性就会直线下滑。在概念层面上,我们相信我们与整个过程进展息息相关,事实也的确如此。虽然线性计划通常包含阶段验收,但团队所做工作的影响也要等到项目结束时才会体现出来。敏捷方法令整个工作进程保持相对稳定的可见性。图7-4表示了这种差异。

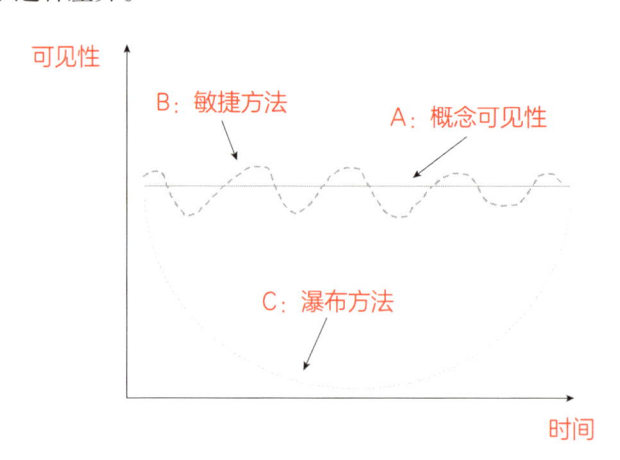

图7-4 项目/计划可见性

工作的透明度和速度

敏捷营销方法的一个关键原则是工作尽可能保持透明。每个重要的人都能看到工作进度，这么高的透明度有助于协调一致、提高工作效率，在团队成员和利益相关者之间建立信任。在信任度和透明度较低的团队中，领导者经常认为他们需要定期了解团队的实际工作进度，检查工作是否朝着正确的方向进展。对于想要快速行动的团队来说，这样做并不总有用，有价值的领导力和团队时间会被浪费在不必要的报告、状态更新和追问上。有了提高工作透明度的工具和流程，可以让团队成员对手头的工作更有责任感，也有助于他们赢得各方信任，获得更大自主权。使用看板（如前所述）就是一个很好的例子。在看板上可视化任务的一大好处是，随着任务进度条从左向右移动，团队可以清楚地看到正在取得的工作进展。通过高透明度的沟通，团队成员不仅了解了其他人在做什么，还了解了目前取得的工作进展。

这一原则的真正价值在于以进展促进步。哈佛商学院创业管理单元（Entrepreneurial Management Unit）创业管理部教授特里萨·阿马比尔（Teresa Amabile）根据数千份工作日记和调查对大量工作场所进行研究，提出了"进步原则"。她的研究表明，在所有能提升职场感知和动力的事情中，最重要的是在有意义的工作中取得进展。除了动机，进步原则才是创造性和生产力得以表现的关键驱动因素，而不是可见的和外在的奖励。

团队通过评估技巧估算要承担的工作量时，跟踪团队成员目前的工作速度或吞吐量或许会有些帮助。燃尽图可以将项目进度尽收眼里，如图7-5所示。它可以显示战役、史诗或冲刺阶段到目前为止已完成的工作量，也可以用来评估剩余工作量，预测团队在剩余时间中完成工作的可能性。团队要确定工作任务的大小，评估工作进度（评估在前面的冲刺方法中讨论过），因此，团队将需要在他们的评估统计数据或工作量衡量办法上保持一致（例如，完成时间、复杂性或基于两者的分数）。一旦任务进入冲刺阶段，团队就可以持续观察已完成工作和剩余工作的总规模，跟踪工作完成的速度。这可以与所有任务总和进行比较，以便团队在任何时候都可以看到需要完成的工作量并采取任何必要的步骤来减轻压力。

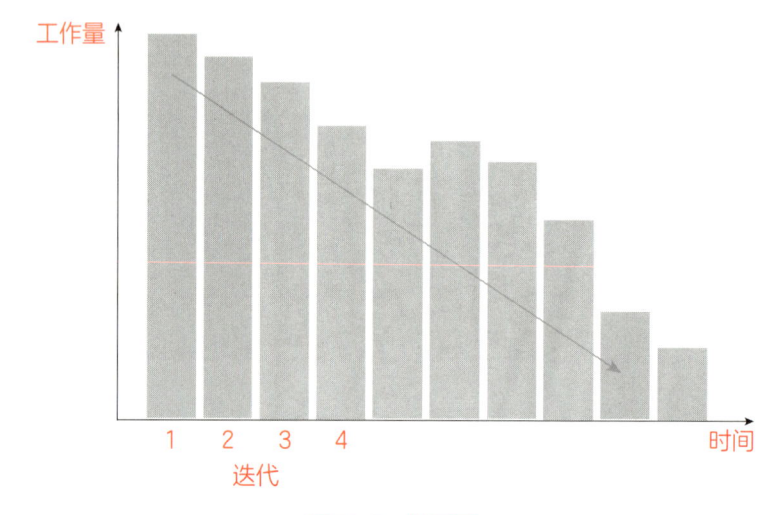

图 7-5 燃尽图

由于无法预料的复杂性，燃尽图上的工作量不太可能均匀下降，由此会造成工作暂时放缓，团队也有可能取得比预期更好的进展。燃尽图可帮助团队跟踪工作进度，在需要时采取措施保持进度，还可以帮助团队了解什么时候产生了额外工作。追踪已完成工作，而不仅仅是剩余工作（如图7-6所示），也会起到激励作用。

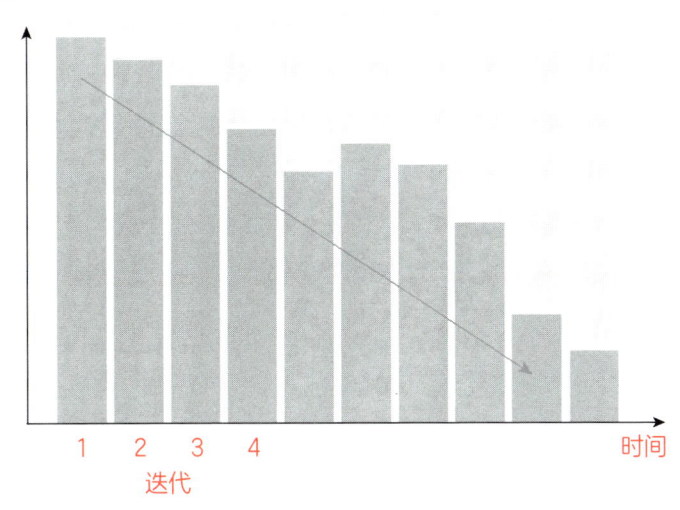

图7-6 燃尽图——已完成工作/剩余工作

燃尽图应该尽可能真实，如果团队在冲刺中没有足够的工作量（因为他们会提前完成）或工作超负荷（他们将无法完成所有任务），燃尽图的变化会很明显。燃尽图可以应用于冲刺或战役，甚至可以应用于史诗。

每日站立会议也是一个可用于提高工作速度和透明度的工具。定期站立会议已成为敏捷工作很重要的制度之一，在确保团队保持正轨、工作顺利进展、了解团队其他成员工作进度方面发挥着重要作用。会议要简短（最好不超过15分钟）、非正式，重点关注手头进行的工作。这样做的目的是排除所有阻碍进展的人（可能是小队长），了解每个人都在做什么，已经取得了哪些进展。每日站立会议中的典型问题包括：

- 我昨天完成了什么？
- 我今天要做什么？
- 有没有障碍？

重要的是会议要简短，避免内容冗长的工作讨论。会议中发现的任何问题都可以事后处理，但会议本身应该是关于彼此和工作的联系。

信任、透明度和进度跟踪都是敏捷营销方法的重要元素。使用我在这里提到的工具可以让团队快速行动、协调一致，从正在做的工作中获得动力。

定义良好假设

一个团队想要进行测试时，首先要为准备进行测试的假设下定义。实验和测试应该完全集成到敏捷营销团队的工作方式以及团队始终寻求优化、改进和运行测试的持续过程中，在这个过程中，团队可以尝试新想法，快速了解进展是否有价值。测试和实验是团队快速学习的方式，这既关乎思维方式，也关乎过程。

测试过程的一个重要组成部分是使用假设。任何想法在得到客户验证之前都应该被视为一种假设。假设驱动的测试和学习也是避免证实偏差（寻找支持已有信念的数据）的好方法，因为反驳假设和证明假设一样有效，都能帮助我们学习和构建下一个用于测试的假设。本质上，假设是对观察、事件或想法的陈述或解释。同样，我们还可以借助研究（定性或定量）、客户观察和人种学输入①、与客户交谈、客户反馈或告知我们行为和行动的数据和分析，甚至来自其他测试的结果进行测试。然而，假设是由有效输入形成的，并且是可测试的，说明它需要有一个理论、预期的结果和衡量成功或失败的措施。作家兼技术专家巴里·奥莱利（Barry

---

① 起源于人类学的研究方式，指走到客户的行为环境中，站在客户的角度理解他们的行为与思维。——编者注

O'Reilly）在他所谓的"假设驱动的发展"中提出了一个有用的方法。

- 我们相信（这种能力）。
- 将导致（这个结果）。
- 当（我们看到可衡量的信号）时，我们将有信心继续进行。

这种结构化的测试方法可以使团队避免对流程进行假设，通过测试促进学习。

> ### ⊙ 快速实验的有效规则
>
> 《金融时报》的西米·阿格巴杰（Simi Agbaje）概述了使用假设进行快速实验的一些有用原则。通过解释和构建这些核心原则，我们可以理解一些技术，帮助团队更好学习：
>
> #### 1. 发散然后收集。
>
> 收集可以为假设提供信息的各种输入和想法。想法来自团队或利益相关者甚至客户，输入来自数据或研究。重要的是缩小范围以定义想要测试的实际假设，就如何最好地进行实验与团队保持一致。
>
> #### 2. 计划失败。
>
> 团队就定义成功或失败的标准达成一致至关重要。团队需要考虑如果测试失败会发生什么，这里的一个好方法是使用从失败的测试中获得的经验来重新构建你的下一个假设。如果测试失败（例如，可能需要更多信息），一个简单的决策树就可以帮助你重新开始。
>
> #### 3. 从"是什么"到"为什么"。
>
> 这个原则将定量和定性输入结合在一起。数据和测试可以促进学

习，而定性输入可以帮助团队理解为什么会发生某些事情。例如，使用来自站点分析的交互数据，将其与客户访谈相结合，确定行为模式背后的"原因"。这可能需要构建另一个要测试的假设。

4. 分析是朋友。

运行一系列快速的A/B测试可以让团队快速测试多个假设，但这需要快速分析反馈。这意味着团队需要以一种不会减慢速度的方式来运用分析方面的专业知识。

5. 数据大小很重要。

只有少量用户的测试可能会导致不确定的结果。

6. 使用"假门"测试。

在这个测试中，用户可以选择尚未构建的内容。这可以用来揭示方案是否能够在不花费太多的情况下有效满足需求。

"安全失败"实验

迭代、测试和学习方法可帮助团队快速学习知识，加深理解，解决众多不同类型的问题。它们可用于优化现有流程、客户旅程和客户建议，也可用于创新和试验新的想法、概念和领域。在复杂的环境中，因果关系会不断发展或不规则发展，其结果难以预测，团队可能需要进行更多试验，创建更多紧急方法来解决问题。

创建"安全失败"的环境对于敏捷营销团队快速试验和学习至关重要。对运行测试过程中涉及的潜在风险感到担忧或不确定，不肯从失败和成功中学习的公司和团队文化，都会极大地抑制实验的进展以及团队尝试新事物的意愿和兴趣。"安全失败"的概念可以应用于团队正在进行的任何测试，在团队探索相对未知或新奇的领域时，它会发挥很大价值。

简而言之，花时间定义测试或实验，最大限度地提高学习效果，避免不必要的风险，对于快速行动和积累知识都非常重要，也不会危及团队或公司的声誉。各小队都要从成功和失败中吸取教训，以便更好地学习，因此，熟练地了解如何进行限制失败的"爆炸半径"的测试和实验，可以确保团队采取合理的方法。

团队目标始终是学习并将知识构建到系统中，而不是不惜一切代价避免失败。相反，允许失败、包容失败有助于扩大成功，增强团队的理解力。将大的挑战、概念和想法分解成若干具体的小任务可以促进一系列控制实验，这些实验围绕相关假设展开，可帮助团队理解成功和失败的样子，进行快速测试和/或制作原型以加速学习。挑战领域十分复杂，"安全失败"实验可以让团队从不同角度测试问题的假设，以便观察新出现的可能性。

工程师彼得·帕尔钦斯基（Peter Palchinsky）在推动苏联工业科学发展上发挥了重要作用。他认为，苏联工程师在应对竞争世界的挑战方面装备不足，因为他们没有采取适应性的科学方法来产生解决方案，他们会把每个问题都看作是技术问题，并假设如果提出的解决方案利用了最新的技术，那么它自然就是最佳解决方案。他后来观察到一些巨大的苏联基础设施项目出现了灾难性的错误（例如引入大型灌溉系统，导致咸海的一部分变成了沙漠）。作为回应，他介绍了三条简单的工业设计规则，可以在降低风险的同时实现更大的适应性：

变化　追寻新想法、尝试新事物。

生存能力　在尝试新事物的过程中，学会承受失败。

选择　寻求反馈并从错误中吸取教训。

帕尔钦斯基看到在第聂伯河上建造一座巨大的新水电站大坝计划时，就建议不要建造大坝，而是建造一系列规模较小的水坝和燃煤发电厂，解决该地区的能源问题。工程师可以从首先建造的水坝中学习经验，调整工厂和大坝的设计方案，最好地满足电力需求，同时在更靠近使用点的地方提供水和电力控制并限制洪泛区。即使放弃建造一座小水坝，当地的电力需求也能得到满足。但他的建议被忽视了，巨大的水坝建在了南部城市扎波罗热附近。项目逐步推进，但进度落后于计划，大大超过了预计成本。数以千计的农民被迫放弃农田，几乎没有任何补偿，许多人被迫在恶劣的条件下从事该项目。1941年，德国军队入侵苏联时，苏联政府下令炸毁了第聂伯河大坝，洪水淹没了河岸的许多村庄，数千名平民丧生。

很不幸，帕尔钦斯基和他倡导的原则越来越违背苏联政府对大型项目的偏好，苏联政府认为，苏联的所有工业和工程项目都应该是巨大的，甚至可能是世界上最大的（西方观察家将这种哲学称为"巨人症"）。这种指导思路导致了高事故率，经常造成生产质量低下。

最终，帕尔钦斯基在1929年被捕，惨遭处决。但时至今日他提出的原则仍然在提醒着人们注意"巨人症"的危险，注意变化、生存能力和选择，提醒人们要不断寻找并尝试新事物，在允许失败存在时尝试新事物，始终寻求反馈并从失败中吸取教训。

使用评审和回顾

团队需时不时从交付流程和工作中退后一步评审进度并考虑改进方法。在这里，评审和回顾是关键。在冲刺中，评审和回顾通常在冲刺周期结束时发生，即使团队连续工作，密集安排评审和学习也是可取的。

评审会议是为了评估团队阶段性成果，更新进展，从利益相关方处获得反馈。与生成演示和报告相比，用非正式的方式评审并演示输出（换句话说，展示工作）才是最有效的。请记住，会议目的是评估团队输出，并从利益相关方那里获得反馈意见，因此幻灯片和报告实际上并不是最佳展示方式。要选取更好的方式展示团队工作进度。可以根据设定的目标进行产出评估（例如，在冲刺中，目标在冲刺会议开始时就设定）。评审要顾及市场或客户环境，工作期望会随环境变化而变化，环境还将影响下一次优先级调整。评审也是一种包容的方式，将利益相关方带入旅程，保证不出现令人不快的意外。让每个人都能参与会议很重要，让这些关键利益相关者参与评审，团队就可以获取反馈，为待办任务的优先级重新排序提供信息。

如果团队主要评审工作本身，那么回顾重点就在团队的工作方式上。团队往往会为了节省时间把两个步骤合并，乍一听吸引力十足，其实这么做是错误的。评审和回顾都是基本要素，通过评审和回顾，团队可以不断地改进工作方式（如敏捷规模和学习规模）。

在回顾会议中，团队应该反思他们作为一个团队是如何工作以及如何与其他团队合作的，流程是如何运转的，如何改进交付和输出。许多通用的回顾框架都很有用，团队应该选择最适合的一个。团队还可以使用真实或虚拟的白板或团队列名法让展示更具互动性，以有形的东西作为讨论的基础。一些最常见的框架包括：

- 开始、停止、继续。
- 喜欢、渴望、缺乏、学习。
- 快乐、困惑、悲伤。
- 保留、添加、更多、更少。

每种情况都要允许个人在讨论汇总反馈之前先进行思考和输入，这样也可以避免群体思维。其中一些方法利用了视觉效果。例如，"帆船回顾"涉及在白板上绘制帆船、岛屿、风、岩石和锚，团队成员分别对岛屿（目标）、风（团队）、岩石（风险）和锚点（约束）进行反馈，然后就如何改进进行团队讨论。时间线回顾可用于可视化周期较长的工作，让团队成员明确整个项目的高点和低点。这里的关键是让团队成员去运用自己的思维，并最终找到一种他们认为可以最大限度地去学习的方法。进行回顾时，为了鼓励公开反馈，要设定正确的基调和氛围。因此，要积极倾听，听取每个人的意见，专注于改进，减少互相指责。

评审和回顾的关键是最大限度地协调和学习。我们可以把"事后评审"（通常用于事后汇报）这种有用的方法作为目标产出。这套方法主要回答四个关键问题：

1. 我们预期会发生什么？

确保围绕目的、目标和期望达成共识。

2. 究竟发生了什么？

对关键工作、团队动态、行动、事件或挑战进行评审。

3. 为什么有或没有区别？

期望结果和实际结果之间有什么差异（如果有的话），为什么会出现这种差异？

4. 下次你可以做些什么来改进或确保这些结果？

下次你会做些什么（如果有的话）？什么有效，什么需要修复？你应该做更多/相同/更少的什么？

这些问题可以用作清单，无论团队选择使用哪种框架，都能确保从评审和回顾过程中获得良好的输出。确保团队围绕这些输出保持一致有助于巩固学习和团队理解，也会让利益相关者与团队一起踏上旅程。许多营销团队不善于从工作流程中抽出时间来思考他们可以学到什么，如何改进。将这种做法嵌入团队工作的结构中，可保证团队学习和发展的连贯性。

措施和KPI

经典的营销衡量方法是分层法，从顶部的业务目标开始，接下来设置几条关键KPI（Key Performance Indicator，关键绩效指标考核法），明确工作进展，指引总体目标。反过来，这些KPI可以由少量指标定义，逐步上升到更广泛的绩效指标。针对关键目标制定措施，了解指标和KPI之间的关系，避免所谓的虚荣指标（可能附有大量数字但不是真正的绩效指标的高级指标）在这里都是必不可少的。

在敏捷营销中，测量和跟踪应该嵌入团队工作的结构。每个团队都应该有少量的、集中的指标，这些指标与团队所遵循的使命或目标相一致。团队以可衡量和负责任的方式朝着既定目标前进，可以很好地优化活动，轻松发现什么可行，什么不行，以此为下一次迭代提供信息。它还可以为团队提供测试和实验，帮助团队尝试新想法并创造机会，更有效率地实现有效目标。这些指标为每个团队提供了指导路径。亚马逊曾经称这些为"适应度函数"。一个小型多学科团队就是例子，这种团队根据客户交互的数量（点击推荐产品，或者对这些产品给予四星或五星评价）对客户推荐进行评估。多关注客户推荐，少关注收入，可确保衡量标准适用于广泛的客户群，不会受到少数用户的影响。原则是每个小团队专注于一小部分以客户为中心但会带来积极的业务成果并与总体战略保持一致的重点指标。当然，指标应该反映团队设定的任务和成果（例如，专注于客户获取的团队可能会跟踪几个客户行为指标，所有这些指标都有助于实现这个目标）。

由于团队需要持续跟踪和优化这些指标，因此为他们提供实时访问分析方法（例如通过仪表板）就越发重要，这样一来团队就不会受到依赖项的阻碍。分析请求周转时间过长可能是快速学习的主要障碍之一，因此实时访问至关重要。使用少量指标取代单一度量更有助于让团队了解什么是有效的，什么是无效的，说明他们可以在整个过程中获得更多信息。使用单一度量时要注意古德哈特定律，即"当一个度量成为目标时，它就不再是一个好的度量"。这反映了人们会不顾后果地优化一个目标的趋势。讽刺的是，团队如果过于狭隘地将注意力集中在衡量标准上，他们就会错失洞察和理解的机会，而正是这些机会可以将他们的活动最优化。

除了经典的营销指标和以客户为中心的措施，敏捷营销团队还应跟踪其他几个更关注团队工作方式的关键指标，包括：

- **工作速度和吞吐量**　前面提到，使用燃尽图或者跟踪团队进度和团队工作速度是有效方法之一。

- **测试频率**　查看团队正在进行的测试和实验的数量和规律性，一方面可以跟踪它们是否优化良好，另一方面可识别是否有阻碍常规监测的因素（例如，技术、时间、知识）。

● **计划与完成比** 衡量在一个冲刺中（或在冲刺的计划过程中）承诺的项目数与最后完成的项目数之间的比率。这将有助于揭示团队是过度承诺，还是有空闲容量。

● **团队敬业度** 后面会谈到，找到衡量团队的沟通规范、员工敬业度和幸福感的方法是优化团队文化和工作表现的有用方法。

使用OKR

毫无疑问，目标和关键成果法（Objectives and Key Results，OKR[①]）已经成为敏捷团队中连接团队和个人目标的一种流行方式。OKR起源于20世纪70年代，后来由英特尔高管和谷歌董事会成员约翰·多尔（John Doerr）引入谷歌，帮助谷歌在公司规模扩大时将组织目标与团队和个人目标以及可衡量的结果相结合。直到今天，谷歌仍在使用OKR，但其应用已经扩展到更广泛的技术和数字公司（包括领英、推特和甲骨文）以及许多其他领域中。

实施OKR涉及在公司、团队和个人层面设定少量具体的、可衡量的目标（通常为3～5个），根据这些目标调整一小部分可量化的措施。OKR通常每季度修订一次，满足不断变化的需求，帮助双方协调一致，同时也有

[①] 更多内容，可参考《OKR目标管理：组织绩效增长法》，中国科学技术出版社，2022年11月版，书号ISBN 978-5046-9795-0。——编者注

助于增进理解。了解其他人的OKR可以让团队和个人更容易找到共同点，更好地了解组织中其他人的优先事项。

在敏捷营销中使用OKR的好处很明显。如前所述，OKR可协调组织和营销团队各个层面，为员工提供明确的期望和重点。OKR需要每季度进行修订，使营销团队更适应不断变化的环境，也可以使员工的目标与QBR中的战略和计划保持一致。因此，战略是与执行相联系的。

OKR还有问责制。它的每个目标都应该是可实现的，可能有3~4个可衡量的结果，利用这些结果评估绩效。评分可以是0~100，也可以是0~1.0，随季度更新。评分应体现设定的目标既具有挑战性又可以实现，分数为100表明目标太容易了，分数为75才是合适的。OKR支持短期目标或朝着长期目标迈进。每次进行评审时，都要了解最新的已知业务和营销策略的制定环境，与团队或个人的开发需求相结合。如图7-7所示。

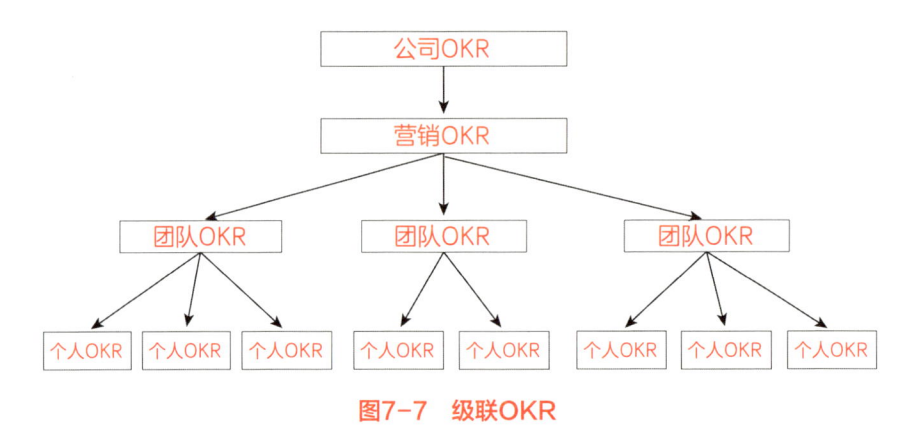

图7-7 级联OKR

第四部分

扩展敏捷营销

第八章　敏捷营销结构

小型多学科团队

敏捷营销核心原则之一是强调跨团队协作，打破职能孤岛，充分利用跨职能并行工作的诸多优势。其中最关键的是提高运营和流程效率。许多营销团队因部门间多次交接减慢了工作速度，造成烦琐的线性流程，降低了团队的适应能力和快速响应能力。如果将职能部门联合起来，同时处理问题或目标，不仅可以提高效率，还可以更好地使部门学习和协作、改善认知多样性、提高响应能力，最终获得更好的结果。阿什里奇商学院的艾莉森·雷诺兹（Alison Reynold）和伦敦商学院的大卫·刘易斯（David Lewis）的研究表明，团队中较高的认知多样性与团队绩效和解决问题的能力之间存在相关性。研究人员指出，当人们被那些思考方式和表达方式相似的人吸引时，可能会产生文化障碍。组织中都是思维相似的人，绩效就会受到影响。团队缺乏认知多样性会限制视野，发现不了新的可能性，限制解决问题的能力，在团队面临复杂情况或不确定因素时，这种功能偏差就是团队要面临的特殊问题。

哈佛大学社会和组织心理学教授理查德·哈克曼（Richard Hackman）的研究表明，团队同质性会影响团队绩效。虽然将相处融洽且观点相似的人聚集在一起可能很有吸引力，但研究表明，把不同的人组合在一起（甚至是对工作组织和执行方式持不同意见的人），创造力和解决问题的能力会得到相应提高。正如哈克曼所说："激励团队进步的是与任务相关的冲突，而不是人际和谐。"

保持小团队规模与跨职能协作原则有关。保持小团队对于提高团队敏捷性等至关重要。哈克曼的研究证明了当团队规模变大时想要按节奏前进是很困难的。随着团队成员数量的增加，团队内部的沟通成本呈指数级增长。一个5人的小团队之间有15个连接，一个12人的团队有66个连接，一个50人的团队实际上要管理1225个人员之间的连接。如图8-1所示。

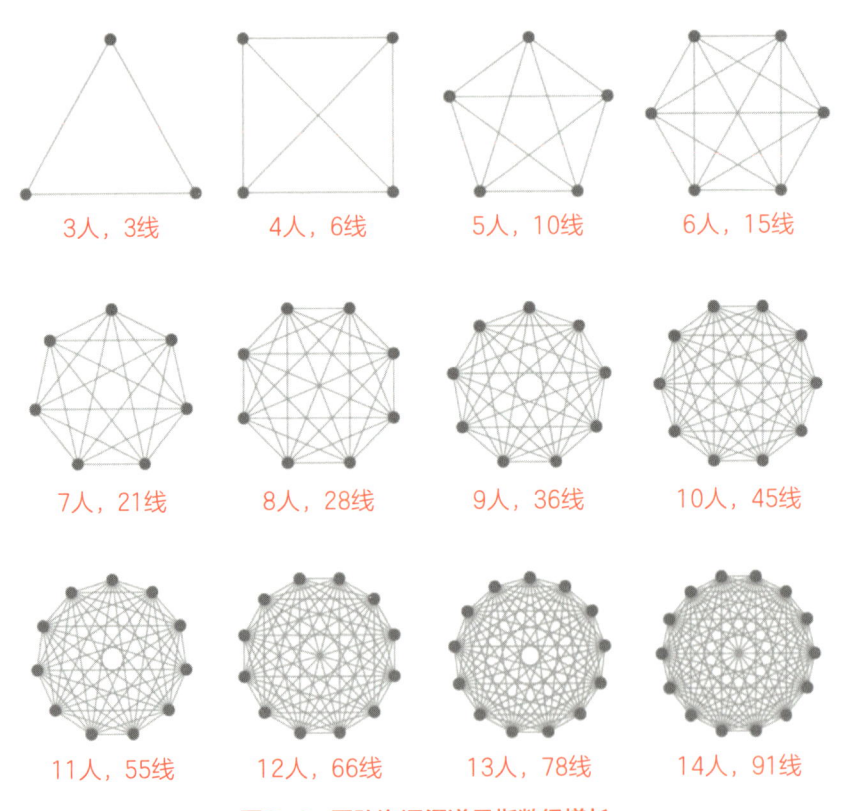

3人，3线　　4人，6线　　5人，10线　　6人，15线

7人，21线　　8人，28线　　9人，36线　　10人，45线

11人，55线　　12人，66线　　13人，78线　　14人，91线

图8-1　团队沟通渠道呈指数级增长

沟通渠道增加相当于要发送更多电子邮件，愈加频繁地更新、读取和回复状态。发送更多电子邮件意味着发送更多回复。随着团队成员数量的增加，大家开始忘记团队中其他人在做什么，继而又要开更多的汇报会，相互跟进、追赶。团队成员增加意味着需要花费更多精力协调每个人，很可能会放慢决策速度。正如哈克曼所说，研究表明"随着团队规模的增加，团队的性能问题呈指数级增长"。

但这还不是全部。芝加哥大学詹姆斯·埃文斯（James Evans）和凯洛格管理学院副教授王大顺（Wang Dashun）的研究表明，小团队在提出新想法方面表现出色。他们对数百万科学技术的分析论文、项目和专利进行分析后得出，大团队经常开发和巩固现有知识，而小团队更善于颠覆创新。埃文斯说：

大型团队更趋保守。他们制作的作品就像大片的续集，非常被动、偏好低风险。

亚马逊内部有一个著名的"两个比萨团队"（Two-Pizza Team）概念，大概意思就是创新项目最好采用小团队方式，人数不要太多（6~8人），以每顿饭点两个比萨饼够吃为标准。许多团队负责优化端到端客户体验，配备了敏捷开发、敏捷测试和迭代的资源，互相独立，特点是将所有权和决策权下放到工作团队成员手中。这些团队明确以客户为中心，完成KPI，开发解决方案，无须跨多个业务线解决问题。

许多大型组织已经习惯项目团队人数超过合理工作、高效协作需要的人数。某些时候团队需要更多人员或职能部门，某些时候还可以用他们来满足内部政治斗争需求。然而，每增加一个人都有可能减慢团队的运行速度，降低团队的灵活性，因此，将团队控制在10人以下最明智。由技术赋权的小型跨职能团队最容易产出成果，他们才是敏捷营销的动力。

小队角色和职责

扩大敏捷营销规模的核心是建立一种通用方法来定义小型多学科小队中的角色。这要根据组织背景、小队需要实现的战略和工作目标,满足客户和业务需求。下面是与大部分背景相关的关键性原则和一些常见团队重要角色相关。

小队长

小队中必须有人带头完成正在交付的工作。这个角色类似于敏捷产品团队和使用Scrum方法的团队中常见的产品负责人。由杰夫·萨瑟兰(Jeff Sutherland)和肯·施瓦伯(Ken Schwaber)编写的《Scrum 指南》(*Scrum Guild*)将产品负责人定义为"负责最大限度地提高Scrum团队工作所产生的产品价值的人"。其中包括开发和阐明产品目标,生成、确定产品待办事项的优先级并进行沟通,待办事项对关键利益相关者和团队可见。在敏捷营销中,小队长作为团队关键成员,负责关键领域,对团队的成功起着至关重要的作用。如图8-2所示。

图8-2 小队长的责任

小队长的主要职责是：

- **设定方向** 小队长制定和传达团队正在努力实现的目标和愿景。小队长负责将营销目标、策略和业务需求转化为具体任务，这些任务可能归在待办事项里。

- **与营销和业务相关人士联络** 小队长是利益相关者向团队提出意见的关键沟通渠道。利益相关者与交付团队的个别成员沟通，小队长在一定程度上保护了交付团队，保护他们免受短期需求的影响，并保证输入的优先级是正确的。这有助于交付团队获得足够的空间，聚焦于负责交付的任务上。他们也是沟通渠道，利益相关者可借此了解团队的进展、创造的产出和价值。小队长还需要与其他小队长（和关键利益相关者）合作，减少依赖，分享有关客户输入和最佳工作方式的知识。

- **监督并优先处理敏捷中的待办事项** 小队长的关键职责是处理待办事项。小队长负责定期重新确定待办事项的优先级，支持有效的优先级排序，平衡客户和业务需求。除此之外，负责人要兼顾资源和预算。他们还需要用时间来平衡这些，保证团队及时交付产出。

- **了解和阐明客户的需求** 虽然更广泛的营销策略可能源于更好服务客户的机会，但小队长还是要将客户意见纳入团队正在进行的工作，明确待办事项列表中的任务优先级。这不意味着小队长要直接负责从数据和分析中获取输入（敏捷营销团队中通常会有分析师或数据专家参与交付），但他们应该通过客户反馈了解客户需求，将其代入团队对话中，并反馈到团队工作中。

- **评估进度** 小队长还应跟踪正在进行的工作进度，保证团队按计划交付任务。这可能意味着要与敏捷专家（Scrum Master）合作以消除前进的障碍，也可能意味着需要使用燃尽图等工具来监控工作进度和产出。

小队长需要具备多种个人工作业务技能，包括战略能力、良好的市场理解和分析能力、强大的项目管理能力、良好的沟通技巧以及理解和表达客户需求的能力。他们是团队中真正的核心，他们将业务和营销策略与客户需求和洞察力结合在一起，对团队所做的工作负责。

敏捷专家

让一名团队成员具备向上交付的能力很重要，团队中有人专门负责打理工作方式同样重要。

《Scrum指南》对此定义为：对团队的效率负责，保证团队能够不断改进工作实践。其中涉及指导团队获得最佳方式工作，同时保留和优化敏捷工具和方法。还包括帮助团队消除障碍，从事高价值任务，举办团队仪式和活动，支持富有成效的产出。

因此，敏捷专家在敏捷营销中的主要职责是（如图8-3所示）：

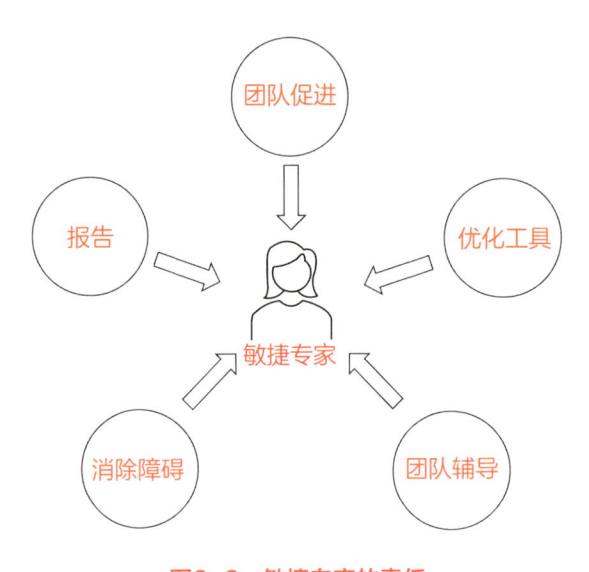

图8-3 敏捷专家的责任

- **团队促进**　敏捷专家在主持仪式（例如每日站立会议）中应发挥关键作用，保证高效输出，努力支持团队之间的最佳沟通。

- **优化工具**　根据需求对团队使用的工具（包括敏捷项目管理工具）进行优化，并以最佳方式使用。

- **团队辅导**　一对一指导以及团队和组织层面的指导都很重要。敏捷专家应保证团队不会偏离核心敏捷原则并回到线性思维。他们还可以为团队教授敏捷思维。

- **消除障碍**　敏捷专家与小队长一样，都可以在消除团队前进障碍方面发挥作用。其中包括保护团队免受外部干扰（例如，确保利益相关者的反馈通过适当的角色传递出去）。

- **报告**　创建燃尽图和跟踪工作速度的方法。小队长最终负责监控工作，但敏捷专家可以通过输出的数据和报告支持整个过程。

敏捷专家非常注重以人为本的技能，包括促进和指导，但他也是一个强大的沟通者，精通敏捷技术和原则。在更大的营销团队和业务中，他们既是敏捷拥护者又是倡导者。

交付团队

团队构成是建立敏捷营销团队的核心决策领域之一。企业应制定总体决策，明确所有团队的核心人物和执行灵活度，这一点很重要。小队长和敏捷专家等将成为每个团队的核心人物。同样，可能还有其他关键角色，例如战役经理或分析师。关键策略是根据每个团队要完成的工作来构成团队。每个小队都应具备实现结果所需的关键技能和成员。然而，保持小规模核心团队也很重要，这意味着要明智地决定谁是团队核心，谁是辅助。

团队组成示例如图8-4所示。

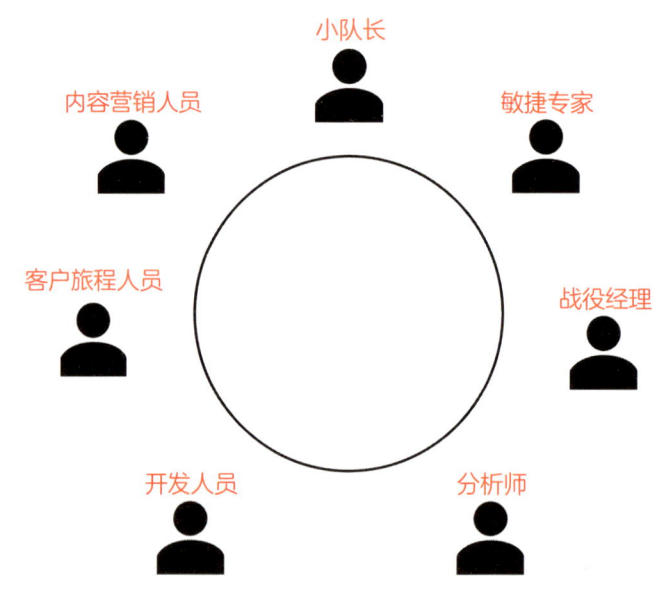

图8-4 团队组成示例

敏捷营销团队中关键角色组成：

● **交付或战役经理** 小队长负责团队正在进行的工作并与关键利益相关者联络，敏捷营销团队需要专注于战役或执行交付的额外资源。交付或战役经理的职责主要是保证团队正在进行的工作以最佳方式交付，并跟踪、优化营销战役和其他营销活动。这个人需要与小队长、敏捷专家和分析资源方密切合作。

● **转化率优化专家** 如果转化是关键目标，或者团队围绕客户旅程将转化作为重要组成部分时，则可能需要这个角色。

● **分析师** 团队可能需要分析输入。让团队分析师在需要时成为核心成员是明智的做法。

● **客户旅程人员** 团队与客户需求状态或旅程保持一致的情况下，安排一个人专门优化客户旅程很有用。

● **内容营销人员** 根据内容要求，在团队中安排一个专门的内容营销人员可以帮助团队根据需要快速创建、交付、调整和发布内容资产。另一种选择是，团队通过卓越的内容中心学习专业内容知识。

● **开发人员** 如果小队需要对网站或应用程序进行频繁更改，可以在团队成员中安排技术专家。

● **合规人员** 在高度监管的行业中，如果要将合规性纳入流程，就有必要将其纳入团队核心。

在团队中设置专业知识库可以最大限度减少依赖，保证团队能够快速交付。将功能性专业知识汇集到一个团队的卓越中心中，小队在需要时可以取用，能够更容易地提高职能质量、共享最佳实践和学科学习。这是一种平衡，取决于业务和营销团队的独特环境和待完成的工作。关键是要能够整合团队资源和优化团队结构来支持持续交付，同时最大限度地提高职能质量和学习效果，减轻快速行动的障碍。

建立卓越中心

在敏捷营销的规模化应用中，多个小队可能与客户需求状态、旅程或其他以业务为中心的领域保持一致。许多小队可能都需要利用并不经常用到的专业知识。同时，当多个团队持续部署活动时，需要跨团队的渠道协调。举个例子，许多团队利用客户关系管理（CRM）系统发送电子邮件或其他内容。跨团队需要协调即将发出的内容，避免与个别潜在客户或客户进行过度沟通，出现多个可能重叠的信息。

在这种情况下，建立卓越中心既能很好地协调跨团队协作，也能激励团队成员快速行动，发挥自主性。卓越中心可以采取不同的形式。单个职能专家可能会在协调渠道活动中跨团队合作。上述客户关系管理示例中，一个"客户关系管理主管"就可以充当一个卓越中心。其职责是在渠道层面协调团队活动，充当渠道的拥护者，提供职能专业知识和建议的来源。主管们将推动跨团队的协作，确保团队充分利用工具，推动团队能力的持续提高。他们还可以就如何提高渠道有效性和效率提出建议。以这种方式建立卓越中心时，团队就不会在进程或依赖关系上陷入瓶颈，减慢执行速度。

其他类型的卓越中心将职能专长和能力整合到一个团队中，提供多个小队可以利用的能力和服务。例如，内部内容团队或其他关键能力领域，如数据和分析、技术、设计、搜索引擎优化（Search Engine Optimization，SEO）、按点击付费（Pay-per-Click，PPC）和社交媒体等领域。以这种方式创建一个规模化的卓越中心可以实现卓越的功能和效率。例如，如果营销团队需要及时交付大量内容或设计输入，那么将内容营销人员、制作人和设计师组成一个团队更有意义，团队就像一个卓越中心一样，同时满足多个小队的要求。重点要考虑，如何建立工作流程，避免减缓团队的进度。

个人和团队卓越中心都是保证小队交付和执行，平衡横向专业知识、协调和能力的好方法。

第九章　敏捷营销规模化

统一的自主权——管理、监督与赋权

哈佛大学教授理查德·哈克曼研究了不同行业和背景的团队，找到了高效团队的关键特征和团队与"共同行动"人群的区别。哈克曼在研究中使用"五因子工作特征理论"列出了一系列特征，证实明确的方向与健全的工作自主性两者缺一不可：

为团队设定好方向说明，相信并坚持实现理想的最终状态，但同时不去规定团队如何达到这一最终状态。

成为一个真正的团队　这里提到了几个标准，包括团队有共同的任务、团队成员界限明确以及团队成员具有稳定性。成员的稳定性是领导者最难直接把控的，但在项目制的团队中，这点与项目过程的稳定息息相关。

强有力的方向　团队要有明确的方向和目标，且该方向和目标要具有挑战性、有意义（符合SMART原则）。

支撑结构　团队的组织方式会明显影响团队效率。这需要保持团队最佳规模（人数规模不到两位数的小团队是最有效的），确保关键成员具备良好的社交技能，支持良好的团队行为规范，激励团队成员不断贡献。

支持性背景　把小型团队整合在一起时，将奖励与团队绩效和团队合作挂钩，实现个人发展和学习，赋予个人自主权，让其在既定范围内工作，同时让其能轻松获得必要的材料和数据来应用和提升技能。

专家指导 可以通过日常互动或更正式的干预方式实现。

本书后面将对赋权高绩效敏捷营销团队具有的诸多特征进行详细讨论。哈克曼的研究提出了一些明确的主题，特别是平衡明确的方向、支持性环境与个人自主性之间的关系。

团队获得更大的自主权后，才会拥有决策能力，采取快速行动，迅速响应最新消息和不断变化的环境。如果领导者认为非要批准每一个行动，或者代表团队做出决定，那么这种过度等级化的决策制定模式就会不可避免地放慢所有事情的反应速度。采用广泛分配权力法，同时保证方向明确、界限清晰、打造鼓舞人心的愿景、保持良好的跨团队一致性，才能创造出真正有效的平衡。

瑞典音乐流媒体服务平台声田（Spotify）提出的"一致的自主权"概念（如图9-1所示）清楚地表达了这种平衡。

领导者需要在敏捷营销中采取一些重要策略：

自主权 为团队管控的领域设定明确的界限，鼓励成员在该领域管理权限内做出决策，并为团队配备快速行动所需的工具、配置和权限。

一致性 确保营销战略（和更广泛的业务战略）得到很好的理解，并且团队都围绕一个明确的重点保持一致，与该战略有意义地联系起来。尽可能减轻依赖关系。将质量保证、治理和清晰的指标纳入敏捷流程，增强问责制。

过多的自主权、缺乏远见和指导，会导致团队走向不同的方向，错失良机。而一致性太强和赋权不足则会导致自上而下等级森严，决策缓慢。掌握正确的平衡对于敏捷营销实践至关重要。

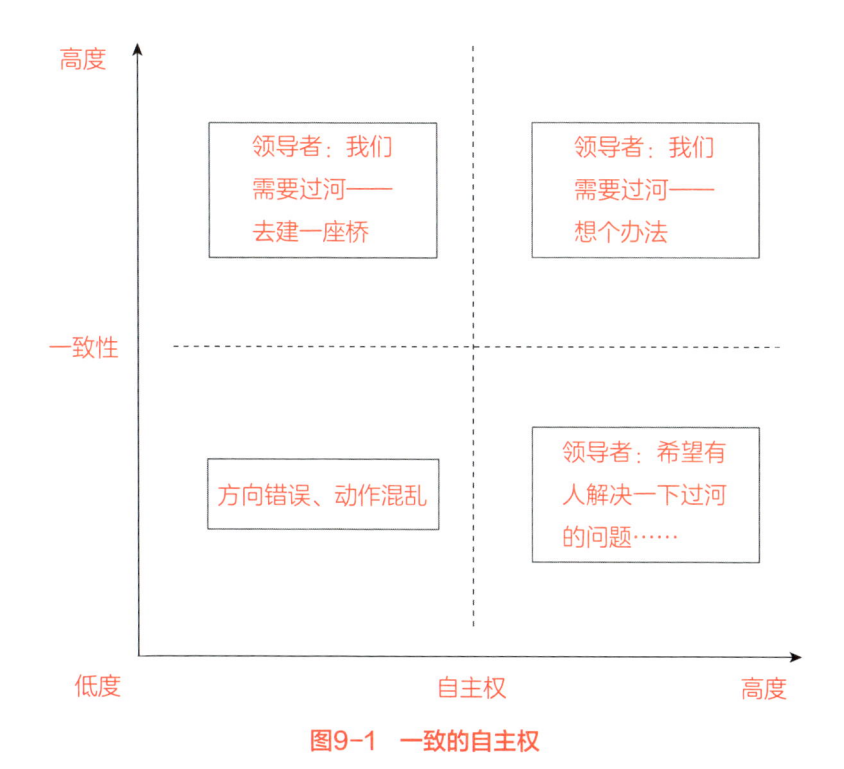

```
高度 ↑
         │
         │  ┌──────────────┐    ┌──────────────┐
         │  │ 领导者：我们  │    │ 领导者：我们  │
         │  │ 需要过河——    │    │ 需要过河——    │
         │  │ 去建一座桥    │    │ 想个办法      │
         │  └──────────────┘    └──────────────┘
一致性    │
         │- - - - - - - - - - - - - - - - - - -
         │
         │  ┌──────────────┐    ┌──────────────┐
         │  │ 方向错误、动作混乱 │ │ 领导者：希望有 │
         │  │              │    │ 人解决一下过河 │
         │  │              │    │ 的问题……      │
         │  └──────────────┘    └──────────────┘
         │
         └──────────────┼────────────────────→
        低度           自主权              高度
```

图9-1 一致的自主权

去规模化小队

当敏捷营销团队大量部署小型多学科小队时，务必考虑如何构建团队，在实现各个小组自主权的同时，保证整个团队工作协调一致。敏捷营销团队领导者应该认识到，单一的构建方法是不正确的。与敏捷营销方法一样，每个团队都有其独特的背景，也就是说没有两个完全相同的敏捷营销结构，对于团队来说，找到最适合自己的方法很重要。当然，一些关键原则是具有普适性的。

声田发明的"小队、分会和部落"模型已成为一种流行的方法，它将小队组合成固定的"部落"、职能平行的"分会"和更松散、更非正式的"行会"，如图9-2所示。

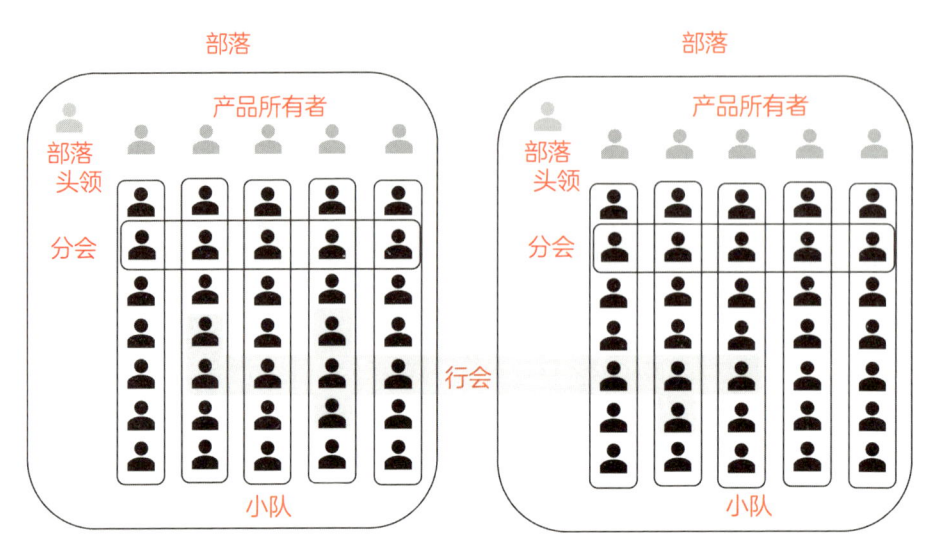

图9-2　小队、分会和部落

小队　交付的基本单位，是不超过10人的小型多学科团队。小队围绕重点KPI（通常是与客户相关的指标），在冲刺中迭代工作，提供持续价值，具备交付成果所需的关键能力。在声田的模型中，产品所有者在代表客户和业务需求以及关注团队交付工作方面发挥着关键作用，但在敏捷营销环境中，该功能由小队队长来完成。

部落　部落由小队组成，与特定的业务或产品领域有关。一个部落最多有150人，保证沟通和协调顺畅。部落首领在跨小队合作和与其他部落的协调工作中发挥着关键作用。他们整合各个小队的资源，消除阻碍进展的障碍，减轻依赖关系，并确保部落目标一致以实现更大的目标、选择最优事项和战略。

分会和行会　能帮助小队建立横向联系，实现最佳实践和跨团队大范围知识共享。分会将小组中的职能专家召集到一起，这些职能专家在部落内从事类似的工作。分会负责人可能是该部落其他职能专家的直线经理，但他们自己也是小队成员。他们负责人员发展和绩效评估，并组织学习会，分享最佳实践。行会是更松散、更庞大的实践或兴趣社区。行会可以囊括更多的团队，甚至可以横跨整个组织，将知识共享小组和学习社区聚集在一起。

> **荷兰商业银行的敏捷转型**
>
> 荷兰商业银行（ING Bank）大规模应用了这一模型，实现敏捷转型。他们花费了多年的时间，将集团总部的3500名员工从以前的职能孤岛重组为约350个9人小队和13个部落。每个小组在特定重点领域有清晰的端到端责任，在明确任务和边界的前提下以相对自主的方式运作。分会横跨小队，将职能专家汇聚到一起。部落领导者监督工作协调、预算和小组优先事项，并负责与其他部落领导者互动。
>
> 荷兰商业银行采用分阶段重组方法，多年来一直不断迭代他们的模型，确保针对客户和业务价值进行优化。他们专注于对团队有利的因素，包括更加频繁地发布周期性的和敏捷的绩效管理模型，该模型将更多地与产出和知识相结合。虽然这是规模化重组，但某些业务领域（包括人力资源、财务和呼叫中心等职能部门）只对敏捷思维方式稍加变革，基本沿用传统的架构。
>
> 荷兰商业银行将时间和精力都花在了建立知识、文化和心态（包括以客户为中心、同理心和主人翁意识）上，以期实现转变。例如，作为入职流程的一部分，每个员工会在各个小组间流动，建立非正式的关系网和知识，员工还要在客户呼叫中心度过一个星期。小队会议是非正式的，每个小队都有明确的书面任务来指导工作，能自主决定日常活动的

> 优先级。每个部落在季度业务复盘中分享成就、制定下季度主要学习目标和向其他部落提出要求。
>
> 　　这种新结构极大地提高了集团上市速度和创新效率,让荷兰商业银行一跃成为荷兰首屈一指的移动银行。

　　小队、分会、部落模型提供了一种规模化的敏捷方法,更侧重于交付和客户价值。但它并不是一种万能的解决方案,营销人员应避免将这个模型简单地复制粘贴到自己的团队中。它有一些核心基本原则可以适用于规模化结构:

小型多学科小队是交付单位　　不要将团队扩大到10人以上。客户支持法应该深入团队工作和交付价值。保证团队真正以客户为中心进行实际工作。小队长在监督团队工作和产出,与其他小队、团队和其他业务线建立联系方面发挥着重要作用。

应将小队按逻辑层面组建　　组建小队可以更好地协调工作,避免重复,减轻小队的依赖关系。小队可以根据客户需求状态、不同受众、客户旅程或业务和产品领域划分。这些小队可能包含几个小组,但每个小队的人数不应超过150,根据人类进化学家罗宾·邓巴(Robin Dunbar)的假设,人类的认知局限使一个人只能与大约150个人维持稳定的人际关系。

稳固与弹性　　拥有稳固的团队意义非凡,团队会始终专注于在一个重点领域创造价值,但也要(在考虑团队的规模和资源限制的前提下)尽可能平衡一下,使项目团队根据需要"聚焦"一项特定任务。和营销团队相比,这需要更高的资源灵活性、思维方式的转变和对员工的支持,这反过来又需要仔细监督和协调。随着时间的推移,团队人员会根据需求轮换,重新调整专业知识重点，应对不断变化的挑战，这也能更好地促进员工发展和学习共享。

促进职能学习　大规模应用小队就是为了打破功能孤岛，使各领域人员能够更及时地协同工作，提供常规价值。一个小队队员的主要工作方向（无论该小队是服务于客户还是业务需求）应该是小队本身。而将职能专家聚到一起，是为了支持学习、帮助协调跨团队活动（例如，围绕特定渠道）、提升职能最佳实践和学习共享。因此，建立支持敏捷结构扩展的机制是个明智的做法。在由大量小队组成的团队中，建立"分会"可以将团队中的职能专家聚集在一起。在较小的营销团队中，组合在一起的小队较少，最好在多个团队之间启用这种横向功能连接。本书后面会讲到一种"实践社区"法，即某个领域的专家可以定期以正式或非正式的方式聚集在一起，分享知识和最佳实践。围绕渠道或特定专业领域建立卓越中心（可以是一个人也可以是一个小团队）也可以起到良好的协调作用。

监督与协调　确保一致性、减少团队间重复工作及减轻依赖关系至关重要。我们将在本章后面讨论相关具体策略。小队长和高层领导者良好的监督都对实现这一目标发挥着关键作用。领导者需要考虑采用何种方法才能实现到这一目标。

与其他业务线建立联系　除了在小队之间建立良好的横向联系（通过职能分会、实践社区或卓越中心）和对营销领导者的良好监督机制，与关键职能部门或营销部门外的业务线建立有效关系，也会让团队从中受益。小组负责人一方面在建立这些联系（尤其是对团队输出至关重要的正式联系）中发挥关键作用，另一方面也是解决团队协作障碍、获取小组内团队所需资源的一个渠道。不过，个别小队长也有必要与关键业务职能建立关系，以促进团合作，比如产品专业知识。随着产品和营销之间的界限越来越模糊，小队可能将产品营销人员收为团队永久成员，将营销和产品直接联系起来。不过，为了做好工作，产品营销人员可能需要与产品经理或营销团队之外的相关业务利益相关者密切合作。小队的主要定位是让自己的目标与营销策略保持一致，同时还要与关键业务合作伙伴建立良好的关系，这有助于每个人从中获益。

敏捷营销结构

如前所述，一成不变的结构蓝图并不存在，图9-3展示的是其中一种敏捷营销团队结构的示例。

此示例结构具有一系列关键特征：

小队　共同领域（客户需求状态、客户服务阶段、产品或业务重点）下的多个小队聚合到一起。每个小队都有明确的任务、相关KPI和一个小队长。

小队组　小队组由团队负责人监督，负责协调小组内及跨小组的活动。

项目组　组建项目团队解决特定问题（例如，创新需求、特定竞争挑战、战略需求或重大战役）。这些项目由项目负责人监督。

职能支持团队　在分会或实践社区中横向组建，也可以与卓越中心合作。

卓越中心　可以是团队。例如，小队中的数据分析专家，他们作为实践社区的一部分与数据分析团队一起工作。再比如，它可能是一个跨团队服务的洞察力团队。卓越中心也可以是个人。举个例子，它可能是负责整个团队的渠道协调的小队成员，如客户关系管理小队成员可能与

第四部分
扩展敏捷营销

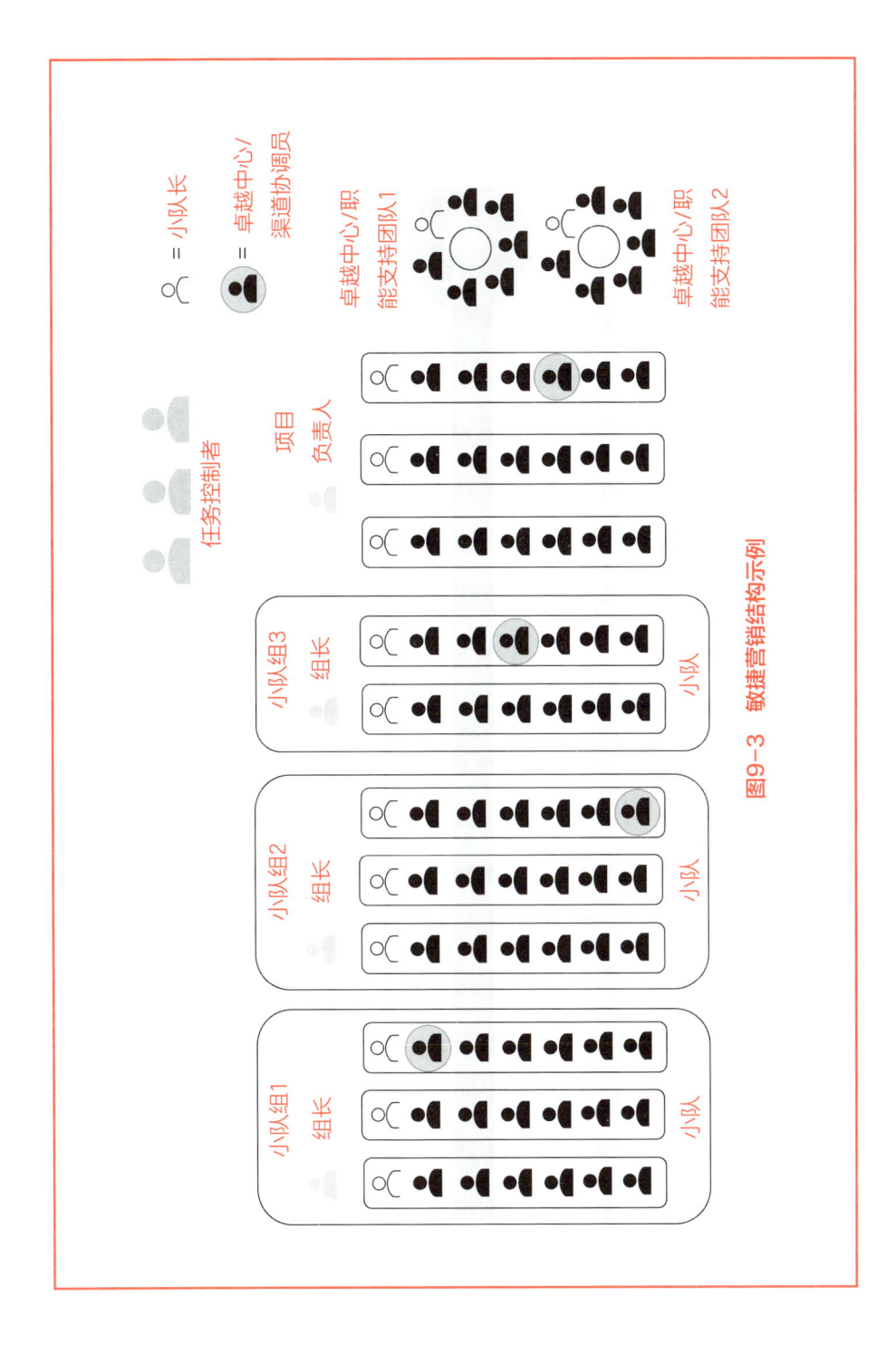

图9-3 敏捷营销结构示例

> 负责协调跨渠道活动和能力的客户关系管理负责人一起工作。不同渠道（例如，付费搜索、搜索引擎优化、程序化和内容）可能有多个卓越中心角色从中协调，但这些人都是小队内部的成员。
>
> **任务控制者** 小队、项目和职能支持团队都由任务控制者监督，该任务控制者由少数关键利益相关的营销高层组成。
>
> 这种敏捷营销结构帮助小队战术扩张的同时，仍然能够有效地协调整个团队活动，保障战略交付。小队结构则能确保资源配置、协调，使人员的工作方式都以客户为中心。它打破了功能孤岛，实现了更实时、更高效的工作实践，避免了烦琐的交接流程。而卓越中心和职能支持团队有效打通了渠道、促进了横向协调并激励了共享学习和最佳实践。

在敏捷营销转型的过程中，团队的组织设计不可能一次就完全成功。营销团队要在转型过程中认识到迭代、发展和学习的必要性，不断改进并找到适合自身背景的最佳结构。换句话说，敏捷营销团队需要在如何变得敏捷上"保持灵活"。团队要永不停息地自我改进结构，以应对挑战，达成目标。

减轻依赖关系

随着敏捷实践不断扩展，不同类型的依赖关系会切实阻碍团队的快速行动。如若置之不理，依赖关系很可能会阻碍整套敏捷工作方式的实施，因此管控和减轻依赖关系至关重要。在不同的工作阶段，敏捷团队不可避免地要依赖团队外部的投入，因此组建团队时必须考虑到及时获取这些可用投入。不这样做的话，团队工作很容易卡壳或停滞不前。敏捷团队进入非敏捷类业务领域时，这些问题可能会被放大。这样一来，他们会发现其他领域的工作节奏大为不同，或可能采用线性流程，需要签字或者其他耗费时间的工作模式。

那么减轻依赖关系需要采取什么策略呢？高级利益相关者务必提前考虑如何组建团队才能最大限度减轻依赖关系，认识到克服依赖关系需要一个学习的过程。这里有几种关键策略可供领导者和团队选择。

工作流程图

工作流程图是一个非常重要的工具，用来预演敏捷营销的实际运作流程和团队改进工作流程。绘制过程和工作流程能够直观地反映出所有关键任务、决策和行动，这些都是为了实现特定的产出或结果而进行的。做好工作流程图（示例如图9-4所示）需要注意以下几个关键事项：

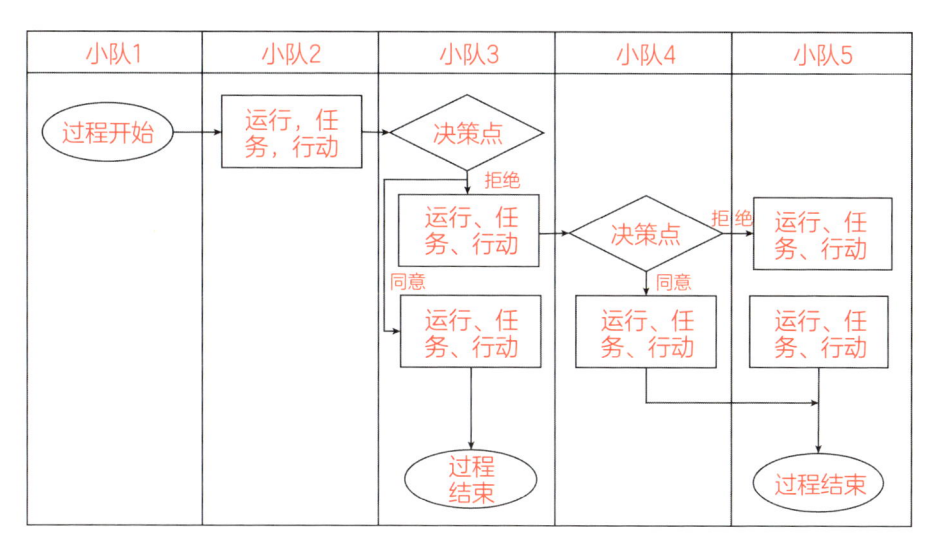

图9-4　一个简单的工作流程图示例

- 工作流程图要尽可能全面地包含完成工作所需的所有重要元素，但要避免过于复杂、不合实际。
- 务必将关注点放在系统或流程元素（例如团队或投入）而不是相关人员上。绘制过程应该以协作、开放的方式完成，并尽可能与实际参与该过程的人一起完成。
- 在开始前定义好起点和终点有助于框定清晰的范围。
- 在开始前考虑好过程中的所有信息，并做好准备。
- 使用常用符号，避免产生误解。例如，工作流程图通常用椭圆形表示过程的开始和结束，长方形表示关键的行动或指令，菱形表示关键决策，箭头表示前进的方向。

工作流程图能够让团队工作可视化并凸显效率低下的领域，可以用于帮助改进当下的工作流程，提高敏捷性，成功建立一支敏捷营销团队。在团队应用敏捷工作法时，画出现有的工作流程，然后画出理想的敏捷工作流程，将两者加以比较，就会看到潜在的障碍和挑战。

绘制现有工作流程　在敏捷工作法开始实施之前，为战役和其他相关营销活动创建流程图，可帮助团队更好地理解、看清当前状态下的工作流程，并让团队更好地意识到效率低下的原因可能是多次交接或繁杂的赋权。

绘制敏捷工作流程　在组建敏捷营销团队时，绘制理想的敏捷工作流程可以让大家有机会就如何执行工作及识别流程阻碍项达成共识。这里指的是找到可能的依赖关系，在团队开始工作之前就采取措施减轻依赖关系。如果团队已经在应用敏捷工作法了，还可以用工作流程映射法来改进流程和识别正在出现的常规挑战，如日常运作过程中阻碍快速行动的潜在障碍。因此，工作流程映射法可以成为持续改进团队的有用工具。

依赖关系类型

对于利益相关者和团队来说，了解可能出现的不同类型的依赖关系，才能更好地确定解决方案。依赖关系可能只是一些简单的事情，例如在特定时间点需要另一个团队的洞察力或数据输入，或需要利益相关者签字，但这些投入都会阻碍团队的进展，甚至叫停发展。最常见的依赖关系类型包括以下三个类型。

流程或活动 此类型可能涉及为了团队工作进展而需要在团队之外完成的特定活动，或者是组织中业务流程节奏不同造成的。例如，团队需要财务或合规团队的快速投入，但传统的响应周期太慢，或者流程本身无法契合敏捷工作方法。

专业知识或投入 团队可能卡在项目进展中的某个节点上或由于临时需要，需要特定的外部投入或专业知识，一旦团队需求无法被满足，整个进程就要受阻。比如，可能是需要批准，或者需要外部的某领域专业知识来帮助团队做出明智的决策。

技术 当团队需要技术性输入或变革来完成任务时，特别是在他们与其他团队争取优先级时，也会产生依赖关系。

简而言之，任何团队无法直接控制的事情都是潜在依赖关系，都会阻碍团队的进步。因此在组建敏捷营销团队时，高级领导者必须采取措施，落实方案，防止这些依赖关系成为团队的生存障碍。其中要考虑各种依赖关系发生的频率。比起一次性事件，显然更需要避免那些正在进行（持续且频繁发生）或由特定流程或时间触发的依赖性事件。考量发生频率也有助于提前部署缓解策略。这些策略包括以下五个方面。

在相关团队中设立"协作者"或"重点人员" 在下一节中，我们将研究一种规模化敏捷资源扩展配置模型，其中包括在团队中设立协作者，这些协作者有较高的投入频率。例如，团队在工作时可能会需要定期分析和专业知识，如果敏捷团队不具备这种能力或无法获取相关资源，就很容易产生依赖关系。在分析团队中分配一个负责人，负责接收敏捷营销团队的请求并按照商定的响应时间或SLA协议工作，有助于将团队陷入停滞的风险降至最低。

标准化或自动化 能够避免或补偿潜在阻碍的一种通用方法。例如，自动化能确保团队获取关键资源，而无须人工介入。

提前准备 提前确定团队为实现目标成果所需的一切，帮助团队就依赖风险做好预案。重要的是团队要意识到任何已经做出的假设都有可能隐藏潜在风险。追踪工作流程可以及时发现依赖关系。在团队使用的项目管理工具上标示已知的依赖关系或假设，确保团队能够识别。

复盘 定期复盘能帮团队识别常见的挑战，讨论应对挑战的方法。调整复盘频率，与其他团队进行定期复盘（例如，与经常合作的高频接触团队进行季度回顾），就足以让双方更好地协作，找到更合适的工作方式。

自己动手 虽然这个方法并不总是可行和可取的，但在需要时，团队可以使用它来完成任务。要注意，团队要保证不做超出自身专业知识和权威领域的事，以免产生不必要的风险。团队还会发现，对于仅出现一次的依赖关系，他们可以将当前工作流程中的任务推迟，先去解决依赖关系。

高层领导者需要明确自己的角色：建立团队。首先，使团队能够按节奏前进，并帮助弥补在工作中产生的依赖性。其次，团队必须尽其所能建立好工作关系和习惯，不要让这些问题拖后腿。最后，团队需要充满信心地向前迈进，相信自己可以在指定的时间内完成任务。

打造"敏捷洋葱模型"

团队很容易陷入一种"计划谬误":或者高估了团队能力,或者低估了任务完成时间。因此,测试和学习并相应地调整结构和团队组成非常重要。在设计资源时,也需要记住一些重要的原则。敏捷营销团队需要保持小规模,最多6~8人的团队规模可以确保团队始终拥有快速行动能力,高效工作以达成一致目标,同时团队沟通合作顺畅,减少关系不融洽带来的损失(在大团队中人们往往会觉得难以获得支持)。当团队得到赋权后,能够用正确的工具以正确的方式工作时,团队就可以大获成功。

然而,随着团队发展壮大,不可避免地会要求引入其他专家和职能部门人员。这些引入可能是非经常性的、偶发的或只在交付过程的关键时刻需要,比如需要人力资源政策、财务信息、法律和合规建议等专业知识时,这些都是会拖慢团队速度的依赖关系。在这种情况下,没有必要将这些专业知识加进关键核心团队构架,可以构建一种能够在团队需要时就能及时获取的形式加以替代。

敏捷洋葱模型是由敏捷团队实践者艾米丽·韦伯(Emily Weber)原创的一种组织模型,借助这一模型你可以知道如何组织资源才能最小化依赖关系并使核心团队保持小规模。如图9-5所示。

洋葱结构分为核心团队、协作者和支持者三部分:

核心团队 负责交付既定成果的小型多学科团队。

协作者 在团队或职能部门中工作,需要持续但不经常或不定期地为小队贡献投入。务必在相关领域内设置一个可以与一个小队(或多个小队)共同工作的"重点人员",以便根据需要提供及时人员引入。团队需

图9-5 敏捷洋葱模型

要与他们签订非正式的SLA协议，约定响应时间和请求性质，避免投入性依赖和瓶颈。如果协作者与单个小队协作频繁，他们可能会参与团队会议，甚至与团队一起工作一段时间，但他们并不是核心团队的一部分。

支持者 支持者是关键利益相关者，可协调跨团队一致性，在必要时消除障碍，将业务和营销的优先级与战略提供给小队长。需要时，他们会在评审或演示期间与团队进行交流，小队长是小队与支持者之间的联络点。

一个敏捷营销团队可能由多个小队组成，由一群来自关键职能部门和领域的合作者提供支持。合作者可以同时支持多个小队工作。也可以建立一小群支持者，确保所有小队和合作者之间的一致性。换句话说，敏捷营销团队可能由多个团队洋葱组成，如图9-6所示。

团队洋葱是管理和减轻多个小队之间依赖关系的关键。这种方式可以在保持敏捷营销团队小而灵活、前进势头且避开过多阻碍的同时一并实现敏捷规模化。

图9-6 规模化团队洋葱模型

设立"任务控制者"

敏捷营销团队规模越壮大，相互间的协调就越重要。需要在高级利益相关者、营销和业务战略、需达成的高级目标和团队工作进展四者之间建立明确的联系。这种联系应该是双向的。高级利益相关者需要确保小队与最终目标保持一致，他们需要向小队介绍关键要求与战略，监督好小队工作。但这种监督并不是让领导者代表团队参与决策细节，而是让利益相关者和领导者随时了解进展、阻碍和瓶颈以及小队的关键活动。可以通过评审和演示反馈以上这几点，由小队展示所做的工作，或者可以建一个定期论坛，将多个团队的小队长与利益相关者聚集到一起，定期评审，做出调整。核心联络点是小队长和通常被称为"任务控制者"的一小群利益相关者。如果每个小队都有自己明确的任务，那么任务控制者的作用就是支持、调整和放权。任务控制者应该是一小群来自业务关键领域的利益相关者。比如，任务控制者可能是营销团队的一小群高级利益相关者（首席营销官或其他几个关键角色），甚至可能包括首席营销官以及其他类似业务线的关键利益相关者（首席技术官和/或首席产品官）。任务控制者作为紧抓业务战略需求的关键一环，应监督好团队工作，做出确认优先事项和资源配置等关键战略决策，并帮助团队获取所需资源，最终实现成果优化。

减少重复

任务控制者主要负责减少重复工作和重复活动。在大型、复杂的营销团队或组织中，由于团队间信息不互通、所做计划重叠或类似，造成重复工作，效率低下。除了浪费时间、精力和创造性投入，重复工作还会产生不必要的团队政治和误解，导致组织缺乏一致性、缺少沟通、信息共享不畅。任务控制者或高级营销领导者的工作就是更好地协调跨团队一致性，借助明确的数据和良好的沟通减少重复工作。以下几个关键策略可以帮你解决这个问题：

清晰的工作领域　为每个团队创建有明确差异化，但保持一致性的团队目标和明确的待完成工作或任务，减少因边界模糊带来的问题。团队之间不可避免地会有一定程度的工作交叉，尽可能明确地定义工作领域和任务，这有助于团队摸清工作边界，在边界内获取更多自主权。当一个团队即将跨过边界时，应当有某种方式去标记或通知相关团队。

Scrum-of-Scrums[①]会议　协调多个小型、跨领域小组工作的一个常规实践就是Scrum of Scrums会议，在规定的时间里，各个团队的代表聚集

[①] 一种最早的规模化敏捷技术，简单且有效，用于集成多个在同一产品上工作的Scrum团队的工作。——译者注

在一起，分享工作的最新进展，讨论发展方向和遇到的障碍。我们可以将其视为一种交流论坛。它创建了一个平台，让大家能更好地跨团队协作、减少重复、鼓励共享、减轻依赖关系并解决冲突点。例如，美总务管理局的技术团队建议开展日常站立会议交流，团队代表要回答以下四个问题：

1. 自从我们上次见面以来，你的团队做了什么？
2. 到我们下次见面之前，你的团队会做什么？
3. 有什么事拖慢了你的团队或阻碍到团队进展吗？
4. 你会借鉴其他团队的一些工作方式吗？

会议应按照敏捷营销团队的原则运行——换言之，参会人员不能超过10人。这些参会人员在协调跨团队工作和减少重复工作方面作用非凡。

主人翁精神和想当然 本书后面将更详细地论述创建所有权文化的重要性，但这一特性对于能确保团队以主动而非被动的方式达成既定目标和领域非常重要。我们总会想当然地以为别的团队了解我们的团队在做什么，或者其他人会承担责任，对某事采取行动。永远不要想当然。正如美国作家和政治学家尤金·刘易斯（Eugene Lewis）所说的那样，"想当然是所有错误之源头"。

第十章　敏捷资源开发

借鉴好莱坞模式

在20世纪20年代到60年代所谓的"好莱坞黄金时代"（Golden Age of Hollywood）的大部分时间里，好莱坞的电影制作都是由制片厂模式主导的。少数有实力的制片厂主导了电影的生产和发行。这些电影是在制片厂自己的制作场地上制作的，演员、导演和其他工作人员都签订了长期合同，与一家制片厂独家合作。他们实际上都是制片厂的员工。在这个系统中，制片厂还控制着电影的发行和放映，从而导致了操纵行为，通过批量预订等方式来提高额外销售量。

1948年，美国最高法院裁定将制作与发行和放映分开，从而加速了这种电影制作模式的终结。到1954年，此种模式终结。好莱坞模式取代制片厂模式，要求由最优化的团队来处理正在拍摄的电影，并且只在电影制作所需的时间内参与该项目。电影拍摄结束，团队随之解散。

好莱坞模式与越来越多企业采用的灵活资源管理方法有异曲同工之处。《纽约时报》曾写道：

这种以项目为基础的短期业务结构是企业模式的一种替代方案，在这种模式下，先投入资金建立企业，然后雇佣员工从事长期的开放式工作，这种工作可以持续数年，甚至终生。

这种模式对企业和员工都有好处。它在一定程度上解除了公司发展带来的限制条件，使公司的经营和决策具有更大的敏捷性和灵活性。团队可以轻松地扩大和缩小规模，适应不断变化的场景，应对重要的日历事件，解决一年中遇到的瓶颈或应付不太忙的时间段。它可以让企业在需要时引入所需的专业知识，而无须增加全职员工数量（并不总是需要所有人）。它可以帮助企业更快地找到可以取胜的方法，或根据需要增加关键领域的资源。它可以帮助企业管理一个更有效的可变成本模型。这种模式也让员工工作具备了高度的灵活性，能够在不同的环境中工作，学习更多知识，从事有趣的项目，可以更好地把控时间和任务。这是一个适应性更强的模型。

企业可以借助敏捷营销，利用好莱坞模式来创建更按需应变、更加灵活的员工队伍，这些队伍能够在需要时进行扩展。营销团队可以利用的自由职业者和专家资源从来没有这么多过，这让企业在需要时能够真正引入特定领域专业知识。

项目和持续性团队

好莱坞模式和按需配置人员确实可以增强营销团队的敏捷性，但要注意它同时也会抵消团队长期合作带来的便利以及由此积累的经验和更熟练的工作方式。因此，营销团队的领导者需要找到在项目基础上召集在一起的敏捷团队与本质上更持久的敏捷团队之间的最佳平衡。项目团队赋予整个团队更大的资源灵活性，使重点迅速转移到机会领域、短期战略需求或创新活动上。他们也可以激励那些在团队中面对不同领域挑战的员工。

对以项目为基础的团队进行敏捷规模化的风险在于，团队很难适应长期学习，也很难运用某个重点领域的丰富经验和专业知识。

时间越久，持久性团队就越能从嵌入式学习中受益，更快速地解决问题，这也得益于长期合作的持久性团队工作效率和生产力的提高，懂得如何最大限度地发挥团队成员的潜能。但如果只有持久性团队，资源配置就会缺乏灵活性，无法"集中"解决问题，也无法迅速将额外资源用于解决短期困难或利用短期机会。

持久性团队和项目团队一般合作良好。持久性团队在围绕客户需求状态、旅程或战略重点和产品的特定领域进行协调时游刃有余，因为随着时间的推移，改进这些领域的学习会对优化输出和持续改进增量大有帮助。而后者适用于攻克创新项目，或可以在团队需要加快步伐以应对短期困难或战略机遇的情况下发挥作用。

> **英国《金融时报》建立基于项目的持久性团队**
>
> 英国《金融时报》[①]的技术总监安娜·希普曼（Anna Shipman）曾写过一篇文章，讲述了她所在的FT客户产品部（负责建立FT.com网站和应用程序）如何以及为什么从基于项目的团队转为更持久的团队。这个例子很好地说明任何一种方法都可能带来好处和挑战。安娜描述了小组的目标是提供尽可能多的价值，这就需要在保持技术资产可靠运行及关注为客户和业务提供价值之间取得微妙的平衡。

[①] 英国《金融时报》（*Financial Times*），简写为 FT。——编者注

这个由11个多学科小组组成的团队最初通常围绕以产品为重点的项目（例如，负责将普通读者转变为订阅者的转换团队）组成，后来围绕新举措又组建了新团队，这是一个由九个持久性团队组成的新架构，每个团队专注于特定的产品领域和与之相关的相关技术资产（例如，一个专注于内容发现，另一个专注于内容创新，一个专注于应用程序，另一个专注于数据新闻等）。

基于项目的结构优势在于，团队能够清晰地看到产品目标，也就是说，更容易看到交付的价值。灵活性也更强，说明团队可以在问题出现时"蜂拥而至"，也更容易开展预算。但缺点是团队往往在有机会形成真正高效的单位之前就解散了。布鲁斯·塔克曼（Bruce Tuckman）著名的团队发展模型包含以下四个关键阶段：

组建 一个团队刚成立时，团队成员可能需要一段时间才能搞清楚团队目标及团队间的合作方式。

头脑风暴 随着团队逐渐成熟，团队成员开始越界、不断挑战各自的做事方式，团队成员之间或团队与其他团队之间可能会发生摩擦。

规范 在这个阶段，团队成员开始更好地了解彼此，尊重彼此的差异和优势以及团队领导者的权威。

执行 团队将发挥其全部潜力，更快、更高效地工作，并朝着明确的目标前进。团队在工作方式上进行了优化，每个团队成员都拥有更大的自主权，承担更多责任。团队更加团结一致地朝着结果工作，角色可以变得更加灵活。

安娜指出，项目团队永远无法达到完全优化并发挥其真正潜力的执行阶段。团队可能需要很长时间才能全速推进，换句话说，团队效率会

> 变得低下。如果灵活地组建团队，又解散他们，会给资源管理方面带来挑战。如果一个团队要处理特定问题或目标，假设目标已经设定，团队可能会感到缺乏对这一问题领域的把控。基于项目的团队还可能意味着成员在解决特定困难的过程中获得的相关领域知识会随着团队解散和改革而丢失。其他团队则需要重新学习在其他地方已经学到的东西。
>
> 英国《金融时报》采用更持久的团队方式规划团队职责，最大限度地减少停止和启动团队造成的浪费，建立组织记忆和微调工作方式。能够看到长期的实际进展对持久性团队是一种激励，也能更加清晰地展示整个团队的能力。这方便《金融时报》的其他团队了解就具体需求或领域与谁展开讨论。

显而易见，项目团队和持久性团队各有利弊。敏捷营销领导者在设计团队时应该意识到这一点，以便能够在持续学习与更大的资源灵活性之间取得平衡。

敏捷内包和敏捷外包

在过去的几年里，客户团队在效率、成本效益、敏捷性、可扩展性和专家投入方面寻求平衡，营销团队内包能力和外包能力的一直受到一系列动态变化的影响。什么是内包工作，什么是外包工作，是有细微差别的，要根据具体环境而定。每个营销团队都有自己的动态机制需要考虑，对一个人有效的方法可能对另一个人无效。然而，营销人员可以从更高维度考虑，做出更有灵活性的决策。

一般来说，本着降低成本、提高效率的原则，包括内容、数据和分析在内一些显著领域已被引入组织内部。随着营销技术平台和营销技术堆栈不断发展，企业内部的生产能力大大提高，对外部供应商的依赖大大降低。对第一方数据、直接面向消费者或服务驱动的主张和自媒体资产的日益关注促使营销团队密切关注数据能力，以支持反馈和决策的敏捷性。这与媒体熟练度、问责制、归因和投资回报率等方面带来的压力相结合，凸显出内部分析的重要性。在客户体验、快速测试和优化方面，围绕数据的更强能力的发展加剧了这种效果。

程序化广告是另一个围绕内包和外包发生变化的领域。总体而言，根据美国互动广告局的研究，程序化广告方式的普及率显著提高，占全球数字广告支出的68%（在美国和欧洲超过80%）。调查同样发现，企业希望对其程序化广告拥有更多控制权，这导致了越来越多的企业部分或全部将这种能力引入企业内部的趋势（48%的受访企业以混合方式将广告搬到了内部，21%的企业将其完全引入了内部）。企业出于控制意愿和提高透明度的需要推动了这一趋势，即当程序化广告与第一方数据功能相结合时，可以实现更高的效率、更大的覆盖面和更高的有效性。控制战役策略、设置KPI、数据管理、合同所有权、发布者数据关系以及战役分析和报告都是考虑内部方法的充分因素。

此外，社交媒体内容营销发展导致了对内容生产和内容分发方式的持续需求，营销团队越来越需要提高内容的质量和数量，同时还需要对短期需求做出快速响应。希望优化提案或战役的团队很容易发现，他们需要根据分析和反馈快速调整现有资产或生成新资产。使用外部代理的冗长工作流程和签字过程可能会阻止团队快速行动。人们对创新驱动的外部合作伙伴可以在大品牌洞察力、外部思维和观点以及创意方面为营销团队带来的价值给予广泛认可，同时人们也认识到，营销团队需要更高效、更灵活地获取、创建和交付内容资产，使内部产生更多的创意能力。

这是一个不小的转变，而且近年来还在加速。世界广告主联合会（the World Federation of Advertisers，WFA）和管理咨询公司"国际观测"（The Observatory International）于2020年9月进行的研究发现，74%的内部创意工作室和代理机构是在过去五年中成立的。该研究称，新冠肺炎疫情还大大加快了将创意业务引入公司内部的步伐，57%的跨国公司正在开展内部创意业务。值得注意的是，这并不是一种全有或全无的方法。例如，世界广告主联合会的研究显示，95%的公司继续以某种方式与外部机构合作。

在选择是否将创意业务引入公司内部时，营销人员主要需要考虑一些优点和缺点。在创意方面，代理机构可以从与多个客户和部门的合作中受益，为营销团队带来新鲜的视角、想法和创造性思维。这对于营销团队以不同的方式思考市场和消费者，以及大品牌创意和平台的诞生来说尤其有效。然而，由于多次交接会造成过程冗长，又会降低团队快速行动所需的灵活性和敏捷性，这种模式会变得更具挑战性。一个品牌的年度营销日历可能由两个大型战役和活动高峰占据主导，其中采用冗长简报和资产生产流程的外包模式可能会很管用。然而，在一个时刻需要保持沟通、资产持续流动，需要快速适应和响应的世界中，这种模式受到了挑战。因此，营销团队需要考虑如何将内包方法和外包方法结合起来，甚至将创意完全引入组织内部。

内部动态

围绕内包和外包的关键动态总结如下：

敏捷性和速度 定义需要快速发展的地方和不需要快速发展的地方有助于了解何时需要与团队保持密切联系。那些要求快速反馈、优化、持续学习和更高适应性的领域需要以易于访问和快速响应的方式进行设置。

效率 这种动态可能与过程效率和/或成本效率有关。例如，在需要数量、可重复性或高频率变化和适应的领域内部创建内容可以产生显著效益。

控制 在营销的某些领域（例如，数据的使用或管理端到端客户体验），保持控制并进行清晰的治理和监督变得越来越重要。这可能意味着需要将其保留在团队内部。

能力、知识和学习 营销人员应该确定哪些地方需要在内部保持竞争力，哪些地方需要长期学习和积累知识，并定期从企业内部吸取知识。外部合作伙伴还可以访问团队中可能不存在的专业知识。

观点、想法和投入 外部合作伙伴可以将独立、新颖的思维带入团队，从而挑战现有看待挑战或了解客户细分、需求和行为的方式。注入创造性思维可以为团队带来巨大的好处。

人才 与外部观点、知识和想法的价值相关的是，随时接触人才可以为营销团队带来好处。

可扩展性和灵活性 可能会受到内包和外包决策影响的关键动态是根据需求扩大和缩小规模的能力。外部合作伙伴在实现短期可扩展性和资源配置方面可能特别有用。

英国事后回顾集团（AAR Group）关于不断发展的客户和代理模式的报告（也由作者撰写）为理解围绕创意和媒体的内部动态提供了一个有用的基本框架，如图10-1所示。

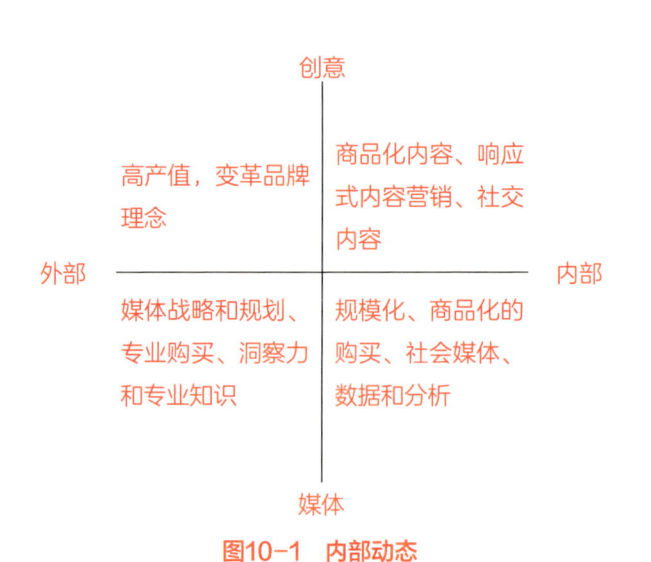

```
                        创意
                         |
                         |
         高产值，变革品牌  |  商品化内容、响应
         理念            |  式内容营销、社交
                         |  内容
   外部 ——————————————————+—————————————————— 内部
                         |
         媒体战略和规划、  |  规模化、商品化的
         专业购买、洞察力  |  购买、社会媒体、
         和专业知识       |  数据和分析
                         |
                        媒体
```

图10-1　内部动态

围绕内部存在哪些能力和依赖外部合作伙伴可以获得哪些更大的好处而做出明智的决策对于支持营销团队提高敏捷性变得越来越重要。

第五部分

数据中的敏捷方法

第十一章 为什么数据是敏捷的基础

数据是敏捷性的核心

数据可以为整个营销团队的决策提供信息，帮助营销人员确定战略、识别增长机会、了解受众、优化活动、测试、学习和实验。在敏捷营销团队中，数据应用广泛，它贯穿在决策、流程和执行的全过程中。数据应用不仅关系到团队工作结构，也关系到他们思考、解决问题和创造价值的方式。以数据为基础的循证决策既关乎过程，也关乎心态。

数据策略构建块

一个良好的数据战略应与营销和更广泛的业务目标保持一致，为营销团队如何从数据中获益制定明确的方法，并帮助团队了解什么类型的数据最有价值，以及如何有效地获取这些价值。该策略反映出并非所有数据都有相同的价值，不同类型的数据之间的动态关系也在不断变化。本节后面将介绍这一点，现在让我们从最基本的层面出发明确要考虑的关键数据类型：

第一方数据 直接从客户那里收集并由营销团队拥有、存储和使用的数据和信息是第一方数据。来自其他自有媒体资产或接触点的客户关系管理数据、网站分析或客户交互数据也可以是第一方数据。这种类型的数据直接来自客户，易于访问，深入揭示客户行为和偏好，对敏捷营销团队非常有价值。第一方数据可用于个性化营销，还可以用于预测客户行为和趋势，支持更复杂的目标定位。所谓的"零方数据"〔Zero-party Data，由弗雷斯特研究公司（Forrester Research）提出的术语〕就是一种第一方数据形式，例如，客户有意主动与组织分享个人偏好数据，以换取更个性化的体验。由于第一方数据直接来自客户本身，因此非常准确、非常有价值，但是在专门设计的任务中（例如，在入职流程中内置了偏好的订阅服务），要在数量和深度上获取这些数据也极具挑战性。

第二方数据 第一方数据是组织从自己的客户那里收集的，而第二方数据来自客户团队使用的其他人的第一方数据。其中包括使用合作伙伴获得的客户数据，以实现目标定位或沟通，或增强对特定受众的理解。除了公司自己的第一方数据，第二方数据还能提供更多有价值的受众细分洞察，比如谷歌或脸书（现改名为"元宇宙"）上的相似受众，这些平台能够定位与现有客户群体行为相似的潜在客户。对于团队来说，与信誉良好的合作伙伴合作，保证数据质量是非常重要的。

第三方数据 此类数据通常来自数据聚合商和供应商，不会直接参与交易或与客户有直接联系。他们从广泛的数据源中提取数据，将大型数据集整合在一起，进行分类和销售。第三方数据常用于增强程序化广告中的目标定位，普遍用于加深团队对特定受众的理解，尤其是与第一方数据和第二方数据结合时。第三方数据规模大，但缺乏颗粒度，也不像第一方数据或第二方数据那样透明。除了增强受众的理解力，第三方数据还可以用于建立广泛的目标定位方法，基于对第一方数据的理解，团队使用第三方数据来扩大规模。第三方数据还支持初始目标定位方法，通过优化缩小到更精确的目标定位。

第一方、第二方和第三方数据的巧妙组合帮助敏捷营销团队利用和提高客户认知，改善目标定位、覆盖范围、个性化和客户体验以及营销和业务成果。

百事公司对第一方数据和人工智能的使用

作为一家消费品企业，百事公司一直依靠大众营销和促销，通过零售商和网点进行大规模分销。这种方法表示品牌依靠第三方来调节，降低了品牌在快速变化的市场环境中的客户可见度。公司决定将第一方数据置于战略核心，更好地利用客户数据和见解，响应在客户数据隐私上发生的变化。这个策略有四个关键点：

1. 优先考虑客户关系。

该公司建立了一个媒体和消费者数据团队，汇集了数据科学家、洞察专家和产品所有者，采取数据驱动激活方式。第一方数据获取成为营销战略重点，百事公司还推出了两个直接面向消费者的平台（snacks.com和pantryshop.com）来加深二者之间的联系。例如，百事公司需求加速器（DX）计划的负责人描述了公司建立了许多大型内部数据集，其中一个包含大约1.06亿个美国家庭的数据，其中一半包含个人层面的数据，另一个商店数据集包含50万个美国零售店的记录。公司能够以高度个性化的方式定制产品，并连接到零售商。

2. 通过正确的价值交换来提高忠诚度。

全方位的接触点从营销战役资产到客户参与平台，如应用程序，甚至是包装都用来督促客户加入忠诚度和奖励计划，这样企业就能开展持续的客户对话，深化洞察力。这样一来，不仅产品更具个性化，也能让企业更深入地理解客户需求，提供更合适的价值交换方式，提高参与度，带来更多的数据，为客户带来更多价值。

3. 使用整合后的第一方数据推动商业成效。

百事公司获得的数据极大地帮助其提供个性化的产品和促销以及个性化的信息和沟通，更有效地支持了不同层次的客户。某些战役甚至能将投资回报率提高3倍。

4. 超越营销的价值。

投资第一方数据让百事公司在多个业务领域受益。第一方数据帮助百事公司建立了客户反馈循环，通过这种循环，百事公司可以测试客户新偏好，进行抽样练习。第一方数据为预测消费趋势和推出新产品提供了有用参考。除了第一方数据，百事公司还创建了一个名为Ada的内部技术平台，平台将人类的洞察力与人工智能算法结合起来，创造了可操作的活动。例如，研究和开发团队使用人工智能从多个来源（包括食品消费数据和社交媒体对话）收集关于消费者行为和偏好趋势的情报，做出预测，为产品开发提供信息。

除了了解不同类型数据的作用，团队还必须为数据的使用打下坚实的基础。从数据中获取价值的基石是数据、信息、知识和智慧之间的关系，即DIKW模型[①]，如图11-1所示。

[①] DIKW 模型，分别是数据（data）、信息（information）、知识（knowledge）和智慧（wisdom）之间关系的模型，展示了数据一步步转化为信息、知识和智慧的方式。——译者注

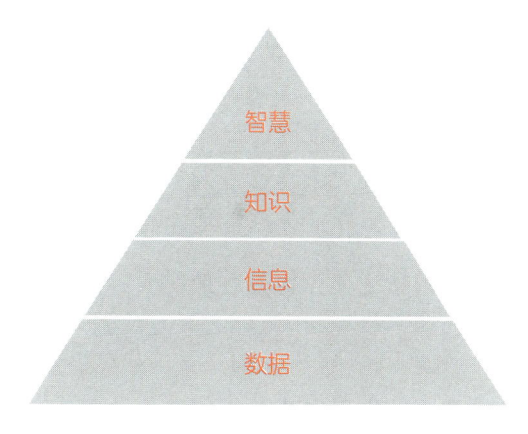

图11-1　DIKW模型

营销人员可以根据由这些属性排列而成的金字塔模型定义每个层面的具体策略和问题，将数据策略连接在一起。数据是原材料，位于DIKW金字塔的底部，在我们对其进行处理之前几乎没什么价值。为了创造价值，我们需要对数据进行结构化处理，这对企业来说比原始数据更有价值。然后，我们需要对结构化数据赋予意义，用于识别和解释模式。这就创造了更有价值的知识。最终，我们需要有效运用知识，实现我们的目标，实现数据可以带来的真正价值。

让我们逐一为需要回答的基本问题给出答案。

数据

原始数据是决策的基础，也是成功的基础。这好比一个建筑物地基打得不牢会破坏其上层结构一样，糟糕的策略和执行会导致团队无法有效地使用数据支持整个流程和团队决策。坚实的数据基础需要大量高质量的数据，这意味着要围绕数据收集、数据聚合和存储、数据清洗和数据治理制定策略。

- **数据收集** 关于收集什么类型的数据以及应该如何收集数据的决策受到营销目标和数据策略的影响。本节稍后将介绍动态数据的变化，但在许多组织中，第一方数据获取的重要性已经被放大，因为需要更好地理解客户、目标定位和大规模个性化。团队需要主动实施数据获取策略，考虑获取第一方数据所需的价值交换，以及获取第二方和第三方数据所需增强的合作伙伴关系和技术。

- **数据聚合和存储** 这涉及以支持访问和组织的方式将数据聚集在一起，并在此基础上围绕技术和系统做出的明智决策。例如，团队如何利用数据库（通常以支持关键功能操作的方式聚合相关数据）或数据湖和数据仓库（聚合来自更广泛来源的数据并添加一个分析层，易于检索，经常连接到其他多个系统）。

- **数据清洗** 使用数据做出良好决策需要高质量的数据作为基础。团队需要删除可能导致错误结论的重复的、不完整或不相关的数据，定期清理和准备数据集以供分析。团队能够依赖最新的、尽可能完整的数据，如果团队意识到差距，可以采取措施来缓解这种情况。验证数据输入的质量是获得良好输出的最佳做法。

- **数据治理** 良好的数据治理就是创建和维护明确的团队角色、职责和规则，确保遵守规章制度，将业务风险降至最低，并就如何收集、存储和使用数据进行良好的沟通。拥有可审计的流程、明确的标准和透明的制度都会有所帮助。

基础层面上的主要问题包括数据的类型和数量、团队在获取和存储这些数据方面的设置、数据是否受到严格的管理和监督，以及如何验证数据输入的质量。

信息

DIKW模型的第二个层次是信息。这与数据的结构和组织方式有关，团队能够借此识别模式、创造知识。信息包含技术和过程元素。

为了更好地使数据结构化，团队需要得到正确的系统和技术基础设施赋权。这可能与团队如何使用客户关系管理或营销自动化系统，利用数据细分客户档案，实现大规模定向通信有关。还可能与数据管理平台（Data Management Platform，DMP）将不同的数据输入组合，通过编程实现更复杂的目标有关。渐渐地，不同的数据源得以整合到以客户为中心的系统中，这些系统可以分析和理解这些数据，许多其他系统也能从中获得价值，客户数据平台（Customer Data Platform，CDP）由此开始流行。这些平台通过汇集不同的数据集，加以分析、聚类和组织，能够更好地解决团队存在的问题，增强客户理解。例如，创建一个单一的客户视图，其中交互、偏好和行为数据可以归因于一个单一的客户档案。

这样一来，客户数据平台可以更深入地了解客户，提供真正的全渠道体验，最终获得竞争优势。例如，软营2021年的营销状况报告发现，78%的高绩效企业表示他们使用客户数据平台，相比之下表现不佳的企业中只有57%使用了客户数据平台。

与数据结构化相关的其他方面还包括团队如何定义客户细分的实践和过程。数据为细分市场提供了更复杂的方法，带来了多种客户属性，远远超出了简单的人口统计细分。有一些基本的分割方法可以通过数据来增强：

- **地理细分** 位置数据可用于根据客户居住的地方、所处的位置和距离来定义广义或狭义的客户群体，在目标和实现目标之间取得平衡。简而言之，更严格的目标定义（例如，特定商店附近的购物者）可能太狭窄，但过于宽泛的客户细分又会错失推动业绩的机会。这里的数据输入不仅仅是简单的位置，还可以是天气和温度等属性，这些属性可能会改变与潜在客户沟通的方式。

- **人口统计细分**　年龄、性别、收入、生命阶段和家庭状况等基本属性可以提供基本的理解，但需要通过其他形式的数据来生成更复杂的细分。

- **心理细分**　这些更微妙的暗示会带来可以揭示态度、兴趣、信仰甚至人格特征的数据。例如，主要针对特别关注品牌道德或可持续性的客户群体。

- **行为细分**　包含广泛的客户属性，比如在线活动、购买行为和偏好、产品使用及客户所处的旅程阶段。所有这些理解都来自定义关键行为和信号的能力，这些行为和信号能有效地将客户群体整合在一起。

- **基于需求的细分**　数据还可以揭示人们的功能需求（客户想要做什么）和情感需求（客户希望如何解决问题），这些可以组合成有用的细分。这也可能与客户的特定问题领域有关（例如，一部分客户寻找无麸质替代品）。

- **交易细分**　与基于行为的客户细分相关，使用客户消费模式可以识别有价值的群体。例如，RFM模型[①]基于近因（客户最近一次消费）、频率（客户消费的频率）和金额（客户消费的金额）建立，可用于识别公司最

---

① RFM 模型是衡量客户价值和客户创造利益能力的重要工具和手段。——译者注

有价值的客户，根据客户消费和历史行为数据提供合适的信息。

在敏捷营销中，团队以多种方式进行客户细分，有能力测试和了解不同的集群方法如何提高绩效或结果，这一点很重要。这证明了有良好基础的数据易于结构化和组织。如上一节所述，可以将三种不同类型的数据组合在一起，围绕这些不同形式进行细分，建立更复杂的理解。此处的复杂之处在于团队如何将不同的标准和不同的数据来源整合在一起，而敏捷方法则可以让他们快速学习，优化结果，轻松地做到这一点。

知识

DIKW金字塔中的知识与解释和理解数据模式的程度有关，可以为战略提供信息、更好地执行和推动竞争优势提供见解。这些见解很可能来自擅长评估数据集中模式的数据分析师或科学家，但这些模式也可能源自机器学习算法，用于识别非结构化数据（例如，形成新客户细分）或结构化数据（例如，通过识别分组数据集中的常见模式或通过训练机器学习算法来识别特定属性）。信息更多的是关于回答诸如谁、何时和何地之类的问题，而知识实际上是在回答"如何"甚至"为什么"的问题。

例如我们如何选择定义客户角色。如果信息阶段是以有用的方式构建数据，推动复杂细分的，我们就需要用同样复杂的角色生成方法来表示这些细分。在知识阶段，我们需要应用数据来建立更立体的客户视图，突破简单演示，更细致入微地将关键的情感需求、动机和挫败感带入生活，这些都可以改善洞察力、增强沟通（例如通过语气），让我们更有效地发现客户、接触客户。

另一个例子是使用客户旅程中的数据来发现机会，满足客户需求，吸引客户，回答他们的问题并帮助他们进入下一阶段。谷歌的"重要时刻"是一个有用的框架，可以将这一点变为现实。该框架倡导的理念是，在客户旅程中会有特定的"前倾"时刻，应选择此时做出决定，并确定偏好。客户数据可以帮助敏捷营销团队确定这些时刻，确定如何打造卓越的客户体验，或吸引客户进一步购买或采取其他行动。客户行为和在线互动能够释放让品牌识别对象（客户是谁，他们在哪里，他们是什么类型的客户，他们有什么需求）和意图（他们想要实现什么，他们想要回答什么问题）的信号。谷歌定义了四种重要时刻类型：

- **我想观看的时刻** 如果客户正在寻找特定的基于视频的内容，一般表明他们有特定的需求或问题需要回答（例如，有人在寻找"如何……"的视频）。

- **我想做的时刻** 完成特定任务可以用不同的方式表示，以此揭示客户的意图或面临的特定困难。

- **我需要寻找的时刻** 客户搜索方式可以表明客户的语境和意图，以及对位置的理解。例如，比较价格或寻找商店位置可以表明客户即将消费。

- **我需要购买的时刻** 这些显然是强烈的意图信号，可以通过搜索行为或客户浏览网站的方式显示出来。

在这个层面上，知识能够为行动提供依据。当然，知识只有运用到实践中，才能体现出自身的价值，这也让我们积累了学识、增长了才智。

智慧

智慧位于DIKW金字塔的顶端，表示团队采取行动、获得洞察力的过程。如果没有后续响应，让客户和团队能够从洞察中受益，大量的客户洞察就毫无益处。例如，快速客户反馈循环产生的知识可以转化为行动。以使用在线互动客户信号为例，营销团队不仅需要识别和定义整个客户旅程中的"重要时刻"，还需要将这种认知带回到他们正在为客户创造的内容、旅程和体验中。如果知识阶段是关于理解"如何"和"为什么"的，那么智慧阶段则是对客户数据的深刻理解，继而转化为行动，创造易于理解和导航的无缝旅程，团队也可根据目标进行优化。

知识阶段也与数据驱动有关，但智慧阶段更多的是与数据和信息相结合。知识阶段可能是一种更加自动化、机械化或基于规则的决策方式，而智慧阶段是数据内核，根据这些数据决定下一步方向。为了获得数据信息，需要引入更具前瞻性的人类能力来推断、预测甚至想象未来的结果或可能性。换句话说，我们可以使用数据中的识别模式来激发新思维、设定新路线或创造新目标。这通常需要将独创性、同理心和创造力与数据输入相结合。敏捷营销团队既受数据驱动，也受数据影响。

数据成熟度

描述性分析、诊断性分析、预测性分析和规范性分析是理解数据成熟度的一种有效模型，最初来自托马斯·H.达文波特和珍妮·G.哈里斯，由威廉·B.加特纳改编。这种模型设定了一个四个阶段的连续体：

- **描述性分析** 这一阶段是识别模式（回答"发生了什么？"），引入了关于性能的简单报告。

- **诊断分析** 这个阶段进一步解释模式（回答"为什么会发生？"），包括解释客户行为或营销绩效的模式。它和描述性分析阶段一样，面对的仍然是过去的模式和数据。

- **预测分析** 这个阶段展望未来，解释和使用模式来确定可能发生的事情。例如，使用预测模型来确定可能发生的事情（如客户流失）、预测结果和趋势或做出模拟（回答"会发生什么？"）。所谓的"次优行动"模型是利用预测模型，根据相似客户群体的行为，确定客户在旅程中的下一步最可能需要什么。

- **规范性分析** 涉及通过机器学习确定可以采取哪些行动，得到特定结果（回答"我们如何才能实现这一点？"），将预测提升到一个新水平。它能够理解模式和所需操作，可以为更复杂的自动化方法提供信息。

该模型是评估敏捷营销团队成熟度一种简单方法，但这四种分析方法并不是孤立运行的。团队很可能会在这个模型内进行分析和自动化测试，并且会在这些阶段应用机器学习来提高执行力。

不断变化的数据动态

敏捷营销团队需要考虑数据不断变化的动态。例如，营销团队可以访问的数据源的范围和类型越来越复杂。软营对8000多名营销人员进行的一项全球调查发现，2021年营销团队使用的数据源平均数量为10个，预计到2022年将增加到14个[①]。共有78%的受访者表示由于新冠肺炎疫情引发的剧变，他们将转向新的或重新确定优先级的指标。最受欢迎的客户数据源的排名表明零方数据和第一方数据的价值不断增加，企业对更直接影响价值和行动的数据源的需求也在不断增加。数据源包括已知的数字身份（例如客户资料）、交易数据和客户声明的兴趣和偏好（零方数据），这些数据

---

① 原书出版于2022年4月，所以此处用的是预测数值。——编者注

来源出现在列表顶部。第二方数据、推断的兴趣和偏好、匿名数字身份和第三方数据等数据来源排在零方和第一方数据后面。

软营的调查强调了企业从第一方数据、个人身份信息和直接归因而非推断所得的数据获得价值。近年来，人们越来越关注隐私，这是推动这一转变的另一关键因素。随着美国的监管越来越多〔例如，《通用数据保护条例》（General Data Protection Regulation，GDPR）和《加州消费者隐私法案》（California Consumer Privacy Act，CCPA）〕和包括苹果和谷歌在内的科技公司不再支持第三方Cookie[①]，这一趋势还将继续下去。

第三方Cookie的价值和使用受到削弱，可能会影响渠道的可见性、一些优化形式和可寻址广告。但同时，这也是营销团队转向更隐私化选择和主张的机会，重建如因程序化广告执行不力而受到冲击的消费者信任。

营销团队应对以上这些变化的关键策略之一是越来越关注第一方数据收集，以增强对客户的了解。本章前面提到的客户数据平台的增长表明，营销团队打算建立规模更大、内容更强的数据池，在可控范围内，利用这些数据为客户提供更好的体验和沟通。许多类似系统都"嵌入"了系统如何存储和使用数据的隐私意识，重要的是将这种意识集成起来并融入营销团队使用的流程中。

◉ **价值交换和数据收集**

企业越来越关注营销团队采取良好策略获取第一方数据，最大限度

[①] Cookie指某些网站为了辨别用户身份、进行session（返回当前缓存限制）跟踪而储存在用户本地终端上的数据（通常经过加密）。——译者注

地利用各种机会。越来越多的实体产品开发了基于已知客户身份的数字服务（例如，直接面向消费者的订阅服务）。营销团队应通过分析个人客户行为和偏好，识别更大群体的客户行为模式，随着时间的推移，发展更丰富、更深入的客户理解。客户使用服务越多，使用该服务的客户越多，营销团队拥有的信息就越丰富。

除此之外，营销团队还应尽可能多地来推动第一方数据收集。这可能包括灵活地利用战役资产，使用不同的接触点。营销团队还需要密切关注他们正在创造的价值交换。为了让客户提交数据，营销团队需要提出一个令人信服的理由，而这只能站在客户角度，思考客户需求，建立同理心。要认识到我们不应该总是尽可能地获取第一方数据，而是要了解哪些类型的数据以及哪些类型的客户是最有用的。通常来说，这些数据不仅能为企业带来良好价值，还会使客户体验或价值得到提升。

在敏捷营销中应用机器学习

机器学习正在推动营销实践和执行发生根本变革。大型技术平台和营销系统具备强大的功能，比以往任何时候都更容易访问，机器学习工具正越发大众化，几乎每个营销团队都可以使用相对复杂的工具来优化和增强营销活动。机器学习可用于各种营销用例，包括赋予广告更复杂的定位、定义更详细的新客户群、预测客户行为趋势、增强客户旅程和体验。

机器学习是人工智能的子集，广义上的定义是：能够执行人类智能任务的计算机系统。它是对大规模数据的模式识别。例如，IBM（国际商业机器公司）将机器学习定义为："人工智能是计算机科学的一个分支，专注于使用数据和算法来模仿人类学习的方式，并逐渐提高其准确性。"深度学习是机器学习的一个子集，机器学习最适合更小、更简化的数据集，而深度学习则可以更好地理解更大、更复杂的数据集。为了解团队如何应用机器学习，我们要考虑它的不同形式。

- **无监督学习**　这涉及一种从非结构化数据中提取以前无法识别的模式的算法。它有助于理解未预先标记的数据点与聚类和组织数据之间的关系，对数据进行聚类和组织。它有可能发现营销团队以前没有注意到的模式和趋势，并将数据组合在一起。使用这种技术需要确定算法显示的模式是否对业务有价值。例如，客户细分中可以识别常见行为并将客户组合成有用的细分。这些细分可用于查看与其他属性（如人口统计）的相关性，以便理解客户类型或定义新的细分市场。

- **监督学习**　涉及使用预先标记的数据训练算法，因此可以在团队追求特定结果和在判断答案是正确还是错误时使用。训练可能涉及为算法提供大量预先标记的示例以进行分析，训练对每个示例进行分类，创建反馈循环，以便模型了解它是否做出了正确的选择。例如，创建一个模型，该模型通过训练一个基于已经流失的客户数据的算法来预测客户流失的可能性。或者，它可能被用来识别涉及特定客户行为的因素。

- **强化学习**　这种类型的学习与无监督学习和监督学习的不同之处在于，算法通过与环境的交互来学习，获得积极进步的奖励信号。与监督学习相比，它具有更广泛的反馈循环，可以识别为达到结果而需要采取的最佳行动序列。例如，评估对各种消息的响应，使用输出来确定最佳通信频率或通过预测客户响应在程序化环境中调整消息传递。

在敏捷营销中，应用机器学习具有许多关键优势，包括更快地访问更高质量的数据分析和学习（能够在更短的时间内分析更多数据）、快速组织数据集和识别有用的新模式、自动化一些营销流程，节省资源和时间，并实现改进的内容个性化、推荐系统（例如，基于产品组合——购买了这个产品的人也购买了那个产品）和下一个最佳行动（像这样的客户通常会继续采取下一项行动）。它越来越多地成为广告定位的核心，可以用于改善细分定位、触发定位（向已经采取某种行动的用户展示广告），甚至是预测性定位（向用户展示广告，因为他们可能对信息或产品感兴趣）。还可以围绕有效性（例如，广告支出回报率）提出分析改进，推动更好的预测（例如，客户生命周期价值或流失率）。

从本质上讲，机器学习增强了敏捷营销团队的数据能力，使团队更有能力在各种用例中使用数据，优化工作和战役交付效率，在计划和执行中变得更加主动。为了充分发挥机器学习的潜力，营销团队要了解其基本原理及潜在应用，然后获得数据能力的支持。营销团队获得这些能力后，可以设计算法，以正确的方式使用统计建模，提供团队真正需要的东西。在敏捷营销中，机器学习的价值是帮助团队在使用高质量的数据的基础上提高快速学习的能力。

平衡风险和复杂性

在敏捷营销中围绕自动化、机器学习和人工智能的应用做出决策时，务必考虑决策的复杂程度和出现问题时所涉及的风险级别。营销技术专家斯科特·布林克尔（Scott Brinker）创建了一个有用的高级决策框架，使敏捷营销团队能够在一系列环境中应用机器学习和人工智能，如图11-2所示。

对于风险较低的简单决策（例如，设计网站页面上的行动召唤按钮的

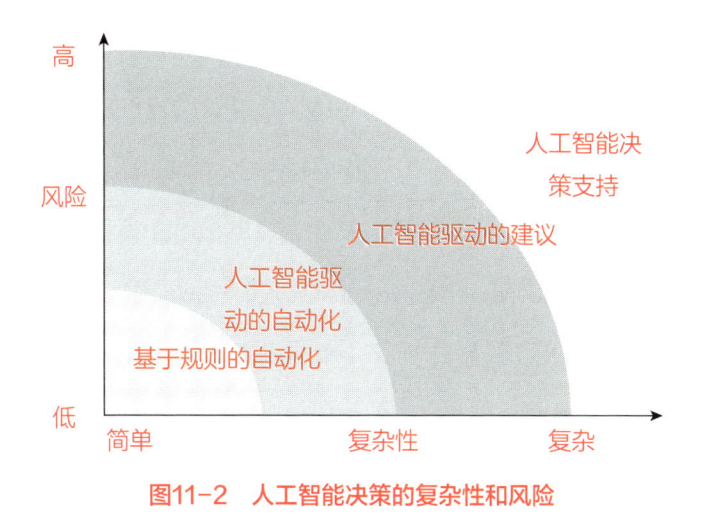

图11-2　人工智能决策的复杂性和风险

颜色），基于规则的简单自动化有助于提高效率。对于更复杂和风险更高的决策，人工智能自动化可以实现更复杂的方法，随着决策的复杂性和风险不断增加，人工智能驱动的建议和决策支持可以引入人工监督的元素，保证最佳结果，同时仍然能够实现更高质量和更有效的决策。

数据资源

数据能力是敏捷营销团队的一项关键能力。营销人员在此领域深耕，保持数据能力符合团队要求非常重要。数据能力的需求量很大。领英在2021年初的一项调查显示，营销人员对数据能力的需求急剧上升。由数据驱动的营销角色（包括付费社交、广告服务和分析）需求量最大。

考虑到DIKW金字塔中各个级别的重要性，了解从数据中获得最大价值需要什么资源至关重要。其中的关键是要了解数据科学、数据分析和数据工程之间的需求和差异。

- **数据科学**　通常使用数学和统计模型、科学过程和方法，从结构化和非结构化的大型嘈杂的数据集中提取可操作的洞见。IBM已经描述了数据科学如何成为一种多学科方法，"包括为分析和处理准备数据、执行高级数据分析，呈现结果揭示模式，使利益相关者能够得出明智的结论"。数据科学家可以很好地进行诸如算法设计、机器学习和编程等活动。

● **数据分析**　与数据科学相关，数据分析是系统地应用逻辑技术来描述、评估、说明和报告数据的过程。数据分析和数据科学之间的差别在于，前者通常处理的是已经结构化为更友好格式的数据，而后者可以很好地处理原始数据。

● **数据工程**　与正确创建基础架构和后端基础，实现数据分析和价值创造有关。例如，维护数据仓库和设计团队可以使用的数据集。

敏捷营销团队需要在日常活动中贯彻数据驱动的决策，这表示要有资源来支持真正的数据优势。营销和数据资源之间的信息流应该是连续的、自由的。数据专家需要与营销人员持续合作，随时待命，尽量减少不必要的依赖。

◉ **敏捷营销的数据成熟度模型**

考虑到在本章中介绍的DIKW金字塔，我们可以基于四个层次的复杂性创建一个简单的数据成熟度模型，如表11-1所示。

初级　这是最早阶段，其中数据存在于组织内，但未被团队有效利用以支持决策、战略和执行。

进阶　企业在此阶段明白了如何从数据中获得真正的价值，着手行动，尽管企业已经在一些关键领域取得了进展，但在很大程度上他们的做法仍然很分散。

启用 在这个阶段，业务取得了良好的进展，正在应用更先进的分析技术提高效率，获得收益。

赋权 数据真正处于业务和营销价值的核心，流畅、高效地支持高质量的决策和卓越的客户体验，提供高度优化的结果、新思维和创新。

表11-1 敏捷营销中的数据

初级	数据是孤立的，没有连接起来。围绕数据的流程很慢且不敏捷。执行很大程度上是被动的。在渠道中使用数据是基本要求，例如进行简单的客户关系管理或自有媒体分析、有限地使用客户数据和分散的客户资料、不经常优化、没有测试和学习、不进行描述性和诊断性分析。
进阶	数据开始被整合起来，采取一种更综合的数据收集方法。更多的客户数据被收集，为战略和执行提供信息，但指标仍然是孤立的并且以渠道为中心。有限地使用自动化，有些特定渠道个性化，有限使用预测分析。
启用	更多地使用第一方数据，并围绕单个客户视图进行更高级的客户分析。进行更精密的客户细分和不同数据源的集成，以实现个性化、目标定位和预测。使用机器学习和人工智能来增强运用关键用例的能力。更广泛、更快速地获取数据洞察，但在某些领域仍然缺乏响应性。
赋权	高度自动化的执行与复杂的人工智能应用、高效的实时数据驱动决策结合实时分析、洞察、措施、优化。数据支持的实验，持续测试和学习。高度整合的全渠道客户体验、先进的客户分析和优秀的个性化服务。

第十二章 运用数据好好学习

在敏捷营销中，快速行动并不是犯错的借口。我们需要快速行动，但也需要做出高质量的决策。由于营销人员获得的数据繁多，所以更容易在无意识的情况下疏忽甚至犯错误。我们的判断和决定容易受到系统性偏见和启发式方法的影响，很容易做出糟糕的决策。因此，营销人员务必注意常见的偏见，采取措施避免一些不必要的错误。

心理学家和行为经济学家丹尼尔·卡尼曼在他的著作《思考，快与慢》中着重描述了我们思考的两个子系统。系统1的思维更加直观、快速、情绪化和无意识。我们的许多日常活动很可能会大量使用这种思维方式。系统2则更善于计算、更合乎逻辑且更费力，因此可能更慢、更有意识、频率更低。这一系统可以用来仔细考虑特定问题。卡尼曼描述了系统1的思维方式是如何将新的信息与已经存在的模式或想法联系起来的，而系统2则更可能涉及创建新模式。鉴于此，系统1可能特别容易受到认知偏差的影响。当决策更具有关联性和自动性（系统1）而不需要深思熟虑和逻辑推理（系统1）时，更容易发生误导。营销人员如何在保持敏捷和快速行动的同时避免偏见和误判？

避免简单的错误

要避免糟糕的决策，一个好的出发点是确保自己不会犯一些低级的错误，这些错误看似很容易避免，实际上却经常发生。简单的错误，尤其是发生在我们正在使用的服务和系统中的，通常会导致严重的后果。例如，2007年，美国空军6架全新的洛克希德·马丁F-22战斗机从夏威夷飞往日本，进行首次海外部署时，在飞越大洋中途，所有战斗机的导航系统和燃油系统同时出现故障，迫使他们紧急转弯并飞回夏威夷。调查问题时，发现战斗机飞越国际日期变更线时引发了软件故障，导致战斗机的许多计算机系统崩溃。软件故障会影响隐藏的跳闸线，从而导致输出不佳，而美国空军却没有意识到这一问题。随着营销团队越来越依赖软件系统，在软件上线之前，要注意使用健全、强大的测试程序来检查可能出现的任何问题，对于团队来说，考虑如何使用系统的广泛场景非常重要。快速行动和使用敏捷方法并不是低质量输出的借口。质量保证（Quality Assurance）和测试可以嵌入敏捷流程，以确保高质量输出。

为了在使用软件时避免错误，仅仅用一个强大的测试机制解决不可预见的软件故障是不够的，使用软件时的常见错误包括尝试将系统用于从未打算做的工作；使用尚未正确更新的软件，从而产生风险，随着时间的推移，通过附加解决方案不断发展软件，最终形成"意大利面条式系统"——大量技术都用于维护过时的系统，用数百种方法和附加组件创建了一个高度复杂的纸牌屋。多年来，这一直是大型银行所面临的挑战。银行依赖于老旧的大型机系统，需要花费高达80%的互联网技术预算来进行昂贵的系统更新，而不是投资更灵活的新技术解决方案。这些短期修复措施阻碍了创新，也为蒙佐（Monzo）、挑战者（Revolut）和史达琳（Starling）等灵活的新型金融科技银行的出现提供了先机。汇丰银行首席技术架构师大卫·诺特（David Knott）曾经说过，这些"意大利面条式系统"可以生成自己的技术依赖关系，"一切都是相连的，拉一个线程，一切都随之而来"。

在前文中，笔者研究了技术在支持敏捷营销中的作用，但即使在单个团队层面，团队在使用适当工具方面做出明智的选择也至关重要，可以避免不必要的错误和风险。2020年秋季，在英国新冠肺炎疫情最严重的时候，英国公共卫生局（Public Health England，PHE）由于考虑不周，使用了旧版本的Microsoft Excel，近1.6万例新冠肺炎病例未被报告。英国英格兰公共卫生局建立了一个自动流程，即从商业公司提取用于分析公众拭子测试的数据到Excel模板中。然后将这些Excel文件中的数据上传并提供给国民保健服务系统（NHS）测试和追踪团队，并公布到政府新冠肺炎疫情实时大屏。很遗憾，英国的国民保健服务系统的开发人员选择了旧的xls文件格式来执行此操作，每个模板仅限于处理65000行数据，而Excel实际能够处理100万行。由于每个测试结果都创建了几行数据，每个模板可以记录的上限约为1400个案例，之后出现的任何其他案例根本不会被记录。使用过时版本软件造成8天的数据不完整，上万个案例没有报告或传递，造成非常严重的后果。英国广播公司（BBC）当时指出，Excel的xls文件格式可以追溯到1987年，并在2007年被xlsx取代，如果使用后者，本来可以处理16倍的案例。这里的教训是，组织不要吝啬投资更好的工具，支持敏捷营销团队工作实践，且敏捷营销团队本身也有责任确保他们使用适当的工具，并强调哪些能力上的差距可能会带来潜在的风险。

简单错误具有潜在严重后果，使用不合适的工具或是错误地使用工具都会导致简单错误的发生。马特·帕克（Matt Parker）在名为《谦卑的圆周率：一部数学错误的喜剧》（*Humble Pi: A Comedy of Maths Errors*）一书中指出，电子表格是错误不受限制地增长的完美环境。他指出，欧洲电子表格风险利益集团估计90%的电子表格都包含错误，该组织成立的目的就是研究这一问题。他们网站的"恐怖故事"页面包含一系列电子表格挑战和错误。其中包括负责制定基因名称标准的科学机构（雨果基因命名委员会），该机构需要为科学家提供指导，为新识别的基因提供原始名称，以避免Excel自动格式化（例如，Excel将基因的字母数字符号MARCH1更改为日期格式的1-March，即3月1日）。还有一个电子表格错误，导致苏格兰一家耗资1.5亿英镑的新医院推迟开业，需要再投入1600万英镑进行补救工作，才能使重症监护室正常使用。还有因为电子表格中一个数字单位被错误地输入为欧元而不是美元，导致爱尔兰为支持就业设立的一项国家基金损失了75万欧元。还有美国某县的治安官办公室的几个电子表格上的错误导致该县损失近50万美元。引用该县治安官的话，"电子表格是通过电子邮件来回发送的……在一些剪切和粘贴中，并非所有公式都能正确粘贴。这是一个意外错误"。这样的例子不胜枚举。这些示例的关键是即使是最常见的工具，也很容易犯基础性错误。前文说过，快速行动和保持敏捷并不是对正确的地方缺乏监督或缺少细节关注的借口。简单检查一下可能会避免所有这些令人意想不到的错误。

这种错误还有很多。基础性错误不仅可能来自使用错误的工具或以错误的方式使用正确的工具，还可能来自没有考虑周全。

在敏捷营销中运用良好的判断力

马特·帕克举了百事公司在1995年进行促销活动的例子，这一促销活动花费了近2000万美元。促销活动鼓励客户收集百事可乐积分，并用百事可乐积分兑换T恤等百事可乐商品（75积分）、太阳镜（175分）和皮夹克（1450分）。其中有一个令人难忘的电视广告促销噱头是用700万百事可乐积分就能兑换一架鹞式垂直起降战斗机。很遗憾，百事公司和它的广告公司没有人停下来研究这个问题。对百事公司来说更不幸的是，约翰·伦纳德做到了。他计算出美国海军陆战队当时以大约2000万美元的价格购买了AV-8B Harrier Ⅱ喷气式飞机[①]。百事公司的其中一项促销条款是，客户可以以每人10美分的价格购买额外的百事可乐积分，这实际上意味着伦纳德可以花70万美元购买百事可乐积分，来兑换一架价值2000万美元的鹞式战斗机。伦纳德遵守了促销活动的所有规则，收集了最低限度的百事可乐积分，提交了一张70万美元的支票向百事公司兑换飞机。但百事公司拒绝了他的请求，所以伦纳德聘请了律师，这场纠纷最终以上法庭告终。不知何故，百事公司侥幸逃脱，伦纳德从未得到他的鹞式飞机，但这个案子对所有营销人员来说都是一个有益的教训，教育他们要学好数学。

马特·帕克指出，人类天生不擅长判断非常大的数字大小，也无法生来就很好地处理它们。我们知道100万、10亿和10000亿，但往往无法理解这些大数字之间的巨大差异。从现在起离100万秒只差11天14小时，感觉不算太长。但是10亿秒是超过31年，而从现在开始的10000亿秒，已经是公元33700年以后。正如帕克所说：

"作为一个物种，我们已经学会探索和利用数学来做超出我们大脑自然处理能力的事情……当我们超越直觉进行操作时，可以做最有趣的事情，但这也是我们最脆弱的地方。"

---

① AV-8B"海鹞"Ⅱ（Harrier Ⅱ）是麦道公司生产的短矩/垂直起降攻击机。——编者注

在所谓的"大数据"时代，统计和数学模型的使用使我们能够超越我们内部硬件的设计目标并实现伟大的目标，但我们必须学习如何很好地应用模型。在此过程中，我们很可能会犯错误。关键是不要让这一错误的代价太大。

更智能地解释数据

回答下方问题：

一个球棒和球的总价格为1.10美元。

球棒比球贵1美元。

球要多少钱？

你可能与大多数人所说的一样：10美分。但正确的答案是5美分[①]。研究人员马内尔·鲍塞尔斯（Manel Baucells）和拉克什·K. 萨林（Rakesh K. Sarin）在他们2013年关于指导决策过程的论文中引用了这个简单的问题。这个例子很简单，说明了快速决策常常会让我们误入歧途。虽然这个例子中的误判无伤大雅，但这种简单的误判可能会在错误成本更高的问题领域导致我们做出糟糕的决策。

合取谬误就是典型例子，它让我们相信两个事件同时发生比其中一个事件单独发生的可能性更大。这一谬误有时被称为"琳达问题"，指的是阿莫斯·特沃斯基（Amos Tversky）和丹尼尔·卡尼曼提出的一个例子：

---

① 答案：球棒 1.05 美元＋球 0.05 美元＝1.10 美元。1 美元＝ 100 美分。——编者注

琳达31岁，单身，心直口快，非常聪明。她主修哲学。作为一名学生，她深切关注歧视和社会正义问题，并参加了反核示威活动。以下哪个事件更有可能发生？

选项一：琳达是一名银行出纳员。

选项二：琳达是一名银行出纳员，积极参与女权运动。

大多数被问者选择了选项二，但两个事件同时发生的概率总是等于或小于任何一个事件单独发生的概率。换句话说，选项二在数学上的发生概率更低。特沃斯基和卡尼曼认为，大多数人选择这一选项是因为根据对琳达的描述，答案似乎更"具有代表性"。

合取谬误与所谓的"赌徒谬误"密切相关，赌徒错误地认为特定随机事件或多或少会基于先前事件的结果发生。比如，当我们认为在出现一系列黑色数字之后，红色数字更有可能出现在轮盘上。依次出现的黑色数字越多，我们就越有可能相信下一个数字将是红色的。然而，我们忘记了轮盘每转一圈红色或黑色出现的概率都会重置为50∶50。这种启发式方法有时被称为"蒙特卡洛谬误"，这是1913年发生在蒙特卡洛赌场的一个著名例子。那年8月某个晚上的蒙特卡洛赌场，轮盘连续出现了26次黑色。一种颜色连续出现26次的概率极低（大约六千七百万分之一），但赌徒们在当天输掉了数百万法郎，因为他们错误地认为随着序列的展开，红色出现的概率会越来越高。他们错误地将过去的事件与现在发生某事的概率联系起来，忘记了每次转动轮盘时，红色或黑色出现的概率都是重置的。

类似的错误热情曾经感染过整个国家。2005年，53号已经有近两年没有出现在意大利国家彩票中了。意大利人开始对难以捉摸的数字下越来越大的赌注，他们错误地认为随着时间的推移它更有可能出现。超过50名彩票玩家坚定地认同这一信念，结果负债累累，流离失所。甚至有四人死于这种狂热，其中包括一名妇女失去所有积蓄后在托斯卡纳附近的海中溺水身亡。据信，意大利每个家庭平均将227欧元，总计35亿欧元，花在了53号上。

从这些例子中看到，我们很容易错误地认为，过去某些结果增加了未来发生其他事件的可能性。然而，经过深思熟虑后使用过去的数据，显然可以帮助我们做出更好的决策。赌博中有一个例子是21点游戏中的纸牌计数。当出现低价值卡片时，纸牌计数器会分配正分数，而出现高价值纸牌时会分配负分数，高牌对玩家有利（点数更容易接近21），而低牌对庄家有利[1]。由于一副牌中高低牌的数量有限，因此在打牌时跟踪分数可以让玩家根据概率进行游戏。连续的低牌会增加计数，表明牌组中剩余高牌的可能性更高。好莱坞电影《决胜21点》讲述了麻省理工学院21点团队的故事，该团队因使用复杂的算牌技术在多个赌场赢得数百万美元而闻名。

从这些例子中可以看到，我们在查看数据时很容易做出错误的决定。数据在营销运营中越发不可或缺，营销人员认识到与简单认知偏差相关的风险。例如，丹尼尔·卡尼曼提出的代表性偏见概念很容易导致营销人员通过我们忽视基础率（或在一个族群中自然发生的现象的频率）的倾向对受众做出错误的假设。一个代表性偏见的例子是卡尼曼看到一个人在纽约地铁上阅读《纽约时报》。在考虑读者是否更有可能拥有博士学位或根本没有学士学位时，我们自然会假设他有博士学位的可能性更高。然而，在

---

[1] 21点游戏的基本策略是高低法，将出现的2、3、4、5、6设为+1值，7、8、9设为0值，10、J、Q、K设为-1值。——编者注

做出选择时，我们可能会忽略这样一个事实，即非本科生比博士乘坐地铁多得多，虽然博士更有可能会阅读《纽约时报》，但没有学士学位的《纽约时报》读者总数可能更大。

忽略基础率可能会造成严重后果。1988年，在美国艾滋病流行最严重的时候，伊利诺伊州通过了一项法律，规定所有申请结婚的夫妇都必须进行艾滋病病毒检测。通过检测发现已订婚的异性恋夫妇中感染艾滋病病毒的基础率极低，发现的病毒病例很少，假阳性居多，真阳性较少，公众的强烈抗议随之而来。该法律造成了意外后果，成千上万的人逃离该州，去往其他地方结婚，还有更多人推迟了结婚。一项对结婚证明的分析发现，在该法律生效期间，该州举行的婚姻数量下降了14%。一年多后，该州立法机关被迫废除了这项造成经济损失和心理困扰的法律。

代表性偏见和合取谬误是相关的。在前者中，我们可能会下意识地忽略某事发生的基础率。在后者中，通过代表性偏见，我们可以将更高水平的概率分配给具有更高特异性的事件。正如作家谢恩·帕里什（Shane Parrish）所描述的那样，这些偏见的存在是因为我们"在感知到的场景的合理性和它实际的可能性之间创造了一条心理捷径"。简而言之，最连贯的故事可能更合理，但不一定会发生。这在专家意见领域和预测领域尤其严重，因为这些领域会出现更详细、更有说服力的场景。

卡尼曼在他的研究中发现，即使学生意识到这些偏见，他们仍然容易受到偏见的影响，这意味着仅仅知道这些启发式方法的存在是不够的。我们需要采取积极行动来减轻它们。正如帕里什指出的那样，批判性思维和在行动中对概率的良好把握可以帮助我们在需要时驯服直觉。记住简单的规则，例如所有概率加起来等于100%的事实。记住将我们对结果概率的判断锚定在一个合理的基础率上，记住诊断的重要性或我们可能使用的数据源在多大程度上可以实际区分特定假设及其替代方案。启发式方法可以在判断中发挥关键作用，导致不合逻辑的结论和对数据的错误解释。在决策过程中积极地嵌入深思熟虑的问题（特别是那些基于数据的问题），并有意识地退后一步检查偏差和误导，可能不会花太多时间，但这样做一定会提高这些决策的质量。

避免噪声和群体思维

卡尼曼将组织描述为决策和判断的工厂，他说："判断远不如大多数人想象得那么稳定和嘈杂。"决策周围的噪声会产生一个"无形的问题"，从而导致决策失误。

卡尼曼的合作者奥利维耶·西博尼将"噪声"描述为"专业判断中不需要的可变性"。偏见可能被认为是判断中的平均错误，但偏见的影响并不总是可预测的，这可能导致输入极易发生变化。例如，在一个项目场景中，你可能期望由于偏见，一群利益相关者会低估完成项目所需的时间（所谓的"计划谬误"）。然而，噪声是这些预测的变数（和造成偏见的变数）。噪声会导致不一致，例如让不同的人做出不同的判断，并基于相同的场景做出不同的动作。

西博尼给出了绩效评估的例子，根据评估者对被评估者的特殊反应，评级可能会受到噪声的影响，"高水平噪声"是指一些评价者的平均评分比其他人更慷慨，"场合噪声"则指评分更多地取决于评估者当天的感受。西博尼说，有些人可能只是比其他人更擅长判断，有一些技术可以用来缓解噪声。使用算法和基于规则的决策可以减少噪声，但算法当然不适用于所有决策。进行"噪声审计"，包括向组织中的许多不同人员提出相同的问题并衡量他们的反应差异，有助于确定团队中有多少人受到噪声干扰。如果需要一群人一起做出决定，让每个人在讨论开始之前就写下他们的答案，这将有助于减少噪声。这样做是为了将人们的个人判断组合在一起之前保持其独立性，避免出现先发言的人或先提出解决方案的人影响力过大的情况。

类似的技术可以帮助避免群体思维，群体思维的特点是由于渴望从众与和谐，一个群体在没有使用适当的批判性思维的情况下达成了共识。集体头脑风暴已成为团队提出新想法或解决方案的一种常见方法，但它只是将想法划分为一个小的时间窗口，因为人们在群体中很容易被群体思维引导。在汇集想法之前先让一群人考虑挑战或问题，有助于提高产出的数量和质量。正如心理学家迈克尔·迪尔（Michael Diehl）和沃尔夫冈·斯特罗伯（Wolfgang Stroebe）在1991年指出的那样：

头脑风暴小组比个人产生的想法更多，但比单独工作的个人产生的想法的总量更少且质量更差。换句话说，头脑风暴会稀释个人努力总和。

华盛顿大学的心理学家基思·索耶（Keith Sawyer）也指出，几十年来许多研究得出的结论是，头脑风暴小组想出的点子，远远少于同样数量的人独立工作后思考得来的想法。

使用此类的简单技术可以帮助团队减少噪声，提高想法和决策质量。在进行回顾、构思环节或任何需要团队投入的会议时，请考虑让每个人都有机会首先单独考虑自己的答案和想法，再与小组分享，并以集体思维作为讨论的基础。

提出更好的问题

理论物理学家斯蒂芬·霍金（Stephen Hawking）曾经提出，"哲学已死""科学家已成为我们探索知识的过程中的火炬手"。显然，科学方法对人类知识的标准和我们对世界的了解做出了巨大贡献，并越来越多地为我们面临的一些最基本的问题提供答案。然而，如果我们忽视或误解哲学的贡献，我们可能永远无法真正找到重大问题的答案。这是因为哲学的力量不是提供答案，而是提出更好的问题。这类问题不仅能创造知识，还能找出知识的不足之处。正如科学、哲学和物理学内容的创造者杰克·劳伦斯（Jack Lawrence）所说：

（哲学）破坏了我们认为显而易见的东西。它创造了空间。它测试我们的基础，以便我们可以更好地重建。科学是硬币的另一面，它负责回答，并填补了这一空间。

劳伦斯指出"哲学"一词起源于古希腊语"爱智慧"。智慧与追求知识的不同之处在于，智慧大部分根植于识别和承认我们自己的无知，以便我们能够解决它。

敏捷营销也是如此。本书中详细讨论了采用数据驱动和科学的方法来测试、学习。然而，这应该始终与一种愿望保持平衡，即与可以挑战我们基本假设的问题相平衡，从而引导我们探索新的领域，帮助我们了解知识的差距所在。本书的前面部分解释了DIKW金字塔如何通过数据理解价值创造的基本原理。DIKW金字塔中最重要的两层价值是知识和智慧，我们可以通过应用可操作的洞察力和过程将知识转化为智慧。但是，除了问自己如何以最好的方式应用新知识，我们还需要问"我们不知道什么可能有用"。在DIKW金字塔"数据"级别提出正确的问题有助于为成功奠定正确的基础，使我们能够有效地组织数据、创建信息。在DIKW金字塔的"信息"级别提出正确的问题可以帮助我们了解如何解释和转换数据中的模式，生成知识。在DIKW金字塔的"知识"级别提出正确的问题使我们能够理解如何应用它来产生最大价值，但我们还需要定义缺乏哪些知识可能使我们能够以不同的方式产生智慧，我们缺乏哪些数据可以告诉我们这些知识。

另一种思考方法是借鉴艺术世界中的策略。正如毕加索曾经说过的那样："计算机毫无用处，它只能给你答案。"正是在提出问题的过程中，我们才能想象出新的可能性。艺术家格雷森·佩里（Grayson Perry）曾经写道，"我的工作是注意到别人没有注意到的事情"，这意味着提出有趣的问题。战略家哈里特·金德赛德斯（Harriet Kindleysides）在关于这一主题的文章中，围绕艺术如何寻求提出可以有效应用于战略的问题，定义了三个关键主题：

1. 质疑你所看到的事物。

艺术家善于挑战自己和他们的观众，打破开放的假设，重新定义和重新想象如何看待事物。

2. 你怎么看待这个问题。

我们很容易以一维的方式看待事物，不质疑我们所看到的内容的背景。这可能与我们如何解释数据和反馈有关，也与思想交流有关。正如哈里特·金德赛德所说："传达一个想法的形式、时间和环境可以完全改变其意义、影响和相关性。"

3. 质疑你未看到的事物。

我们不仅可以围绕显而易见的事物，还可以围绕看不见的事物开启新视角的能力，这也是艺术的一大力量。这意味着提出问题，让我们超越显而易见，进入隐藏在视野之外的领域。

对问题领域和为解决它所做的工作感兴趣很有价值，我们可以提出一些延伸性的问题，一些我们不知道的问题，让我们能够以不同的方式看待一种情况，这也很有价值。

美国国家航空航天局为我们提供了一个很好的例子，说明知识过于片面，又提不出正确问题会将我们引入歧途。一项著名的商学院练习［由杰克·布里坦（Jack Brittain）和西姆·西特金（Sim Sitkin）发起］要求学生想象自己是约翰·卡特（John Carter），即将担任一场非常重要的赛车比赛的领队。赢得比赛就意味着获得丰厚的奖金、新的赞助协议和声势浩大的宣传。然而，在过去24场比赛中的7场，卡特的赛车的发动机出现故障并熄火。如果发动机在电视直播中出现故障，这既可能会危及车手的生命，也会让他损失所有潜在的赞助和奖金。团队的一名机械师预感到发动机在较冷的天气里会出现故障。一幅发动机发生故障时的天气状况图表显示了一个相对广泛的温度范围［55～75华氏度，摄氏度=（华氏度−32）÷1.8］，并且没有定论。预计比赛当天气温低于40华氏度[1]，让车队负责人陷入困境——应该参加比赛还是不参加比赛？许多商科学生选择继续比赛，因为给出的数据不确定，但几乎没有人要求查看引擎没有出现故障的比赛中的数据，这些数据清楚地表明，每一场赛车完成比赛的日子气温都在65华氏度[2]以上，而在低于这一温度的情况下进行的每场比赛都以发动机故障告终。机

---

[1] 约4.4摄氏度。——编者注
[2] 约18.3摄氏度。——编者注

械师是对的，但如果我们不要求查看完整数据，可能永远不会吸取教训。

数学家汉娜·弗莱指出，这种情况真实存在，还造成了1986年1月"挑战者"号航天飞机的灾难性发射。这场灾难是由于火箭发动机上的O型密封圈失效造成的。航天飞机发射当天的发射台温度预计为36华氏度[①]，非常寒冷。一张匆忙拼凑的数据表显示了密封圈失效时的温度，这些数据表被传真到肯尼迪航天中心，肯尼迪航天中心在发射前召开了一次紧急电话会议。一些工程师以此来争辩说应该推迟发射，但他们提供的数据并不确定，大多数专家并不相信。发射进行时，O型密封圈泄漏，固体火箭助推器失效，航天飞机解体，导致机上七名宇航员惨死。汉娜·弗莱说：

天气状况图表隐含地定义了相关范围——似乎没有人要求提供额外的数据点，那些他们看不到的数据点。所以专家们做出了不顾天气寒冷继续前进的悲惨决定。

我们可以从这个教训中看到，如果我们不挑战所看到的和呈现在面前的东西时会发生什么，为什么提出"我们在这里没有看到什么"这样的好问题如此重要？在快速行动和保持敏捷以及因决策失误而使自己面临不必要的风险之间始终需要取得平衡。保持敏捷并不意味着我们会为业务带来不必要的风险。建立"安全失败"的界限并提出正确的问题，可以让我们在决策中更加知情，同时也创造新的可能性。

> ● **敏捷营销领导者可以提出一些好问题来打开思路**
>
> **定义的问题** 什么是要做的？我们需要解决的真正问题是什么？什

[①] 约2.2摄氏度。——编者注

> 么是不要做的？是什么阻止我们这样做？我们最大的假设是什么？我们最大的收获是什么？我们怎样才能把这次挫折变成胜利？在开始工作之前我们需要知道什么？
>
> **改变思维的问题** 如果……怎么办？如果……会有什么不同？我们缺少什么？我们不知道什么？出现了哪些新机遇？这会如何改变我们的思维方式？不这样做的代价是什么？
>
> **延伸思考的问题** 未来客户需求会是什么样子，我们如何围绕这些需求进行设计？我们如何才能不仅满足客户的需求，还让他们惊喜？我们还有什么办法？如果……会发生什么变化？
>
> **关注的问题** 是什么让我们与众不同且难以复制？团队最大的挫折是什么，我们如何克服它？团队现在可以做的最有价值的事情是什么？

我们对敏捷营销知识的追求很重要。团队应该专注于持续学习和知识的积累。同时，定期提出更具挑战性的问题，打破已有假设，重新构建挑战并质疑我们没有看到的东西，可以为团队开辟新的可能性。这可能是优化以获得良好输出和创新以获得卓越输出之间的区别。不仅如此，它还可能是绝对成功和完全失败之间的区别。

快速决策

第二天公司做出高质量的决策，但他们做出高质量决策的速度很慢。

——杰夫·贝佐斯

在2016年致股东的信中，杰夫·贝佐斯谈到了"第一天公司"和"第二天公司"之间的区别。第一天公司的特点是大胆创新、保持长期关注以及坚持以客户为中心的运营模式和公司文化。第二天公司被描述为停滞不前、日益无足轻重和痛苦的衰退，这种趋势可能会以极其缓慢的速度发生，但最终仍会导致公司死亡。这就是为什么贝佐斯说亚马逊总是第一天，第一天公司这种想法对他来说非常重要，他甚至将工作所在地亚马逊大楼命名为第一天，他搬迁办公楼后，仍沿用这一大楼名字。贝佐斯在信中列举了亚马逊作为第一天公司的四个关键属性，前三个属性是拥抱外部趋势（并针对它们开始执行）、抵制代理管理（例如，为了获得更好的客户结果而对挑战流程持开放态度）和真正的客户至上。

第四个属性是快速决策。贝佐斯描述了快速做出高质量决策的重要性，以及采取一刀切做法的大公司会如何降低决策速度。当决策是不可逆转的或产生重大影响时，重要的是要谨慎并花时间有条不紊地处理。然而现实是，许多决策是"双向门"或可逆的，而这些本来可以由小团体或"高判断力"的个人以更轻量级的方式制定。他说，大多数决定都可以在你拥有70%的信息的情况下做出，如果你等到拥有90%的信息，在大多数情况下，决策就会很慢。随着组织规模越来越大，它们很容易被更重量级的决策所主导，这会降低决策速度，意味着他们变得厌恶风险，无法进行足够的实验。

关键是要让方法更具选择性。了解需要70%的信息和90%的信息的决策之间的差异。识别你何时面临风险较高或难以改变的决定，并确保有时间和投入来做出正确的选择。但你也要认识到什么时候可以采取更轻量级的方法，利用所需信息的70%更快地采取行动。他说，无论用哪种方式，善于快速识别错误决定很重要："如果你善于纠正错误，犯错的代价可能比你想象得要小，而慢下来肯定会付出高昂的代价。"

决策文化过度以共识为导向，在取得进展之前需要所有利益相关者达成一致，这有可能成为团队进步的阻碍。亚马逊在这方面也有一个有用的方法，即使用"不同意并承诺"这一短语作为一种在不阻碍项目进展的情况下承认分歧的方式。例如，贝佐斯描述了一份提交给他的亚马逊制片厂（Amazon Studios）的投资提案，他认为很复杂，不够有趣。然而，工作室团队一致认为这是一个好主意，所以他回信说："虽然我不同意，但我希望它成为我们做过的最受关注的事情。"获得普遍认可需要很长时间，虽然亚马逊承认每个人的观点很重要，但这一原则让亚马逊更快地行动。

何时转变，何时坚持

在《精益创业》（The Lean Startup）中，埃里克·里斯（Eric Ries）将支点描述为"改变战略，但不改变愿景"。在敏捷营销中，支点可能被认为是超越现有策略优化的战略转变。与里斯的定义一样，总体目标可能不一定有任何不同，但团队实现该目标的方式可能会发生变化。措施开始明显无法达到目标所需时，可能需要改变策略。在这种情况下，要确保有足够的时间来展示一致的指标模式，但不要太长，影响最终结果。这包括以下重大变化：

- **竞争环境**　导致市场动态变化的显著竞争活动。
- **客户背景**　由于事件、公告或某种发展，客户反应的显著变化。

- **公司背景**　需要新方法的业务需求或投入的显著变化。

在这种情况下考虑优化的限制很重要。显然，持续的渐进式改进可以带来巨大的价值，但我们很可能会发现收益开始减少，我们需要做出某种更大的改变才能实现另一个飞跃，如图12-1所示。风险投资公司安德森·霍洛维茨（Andreessen Horowitz）的合伙人安德鲁·陈（Andrew Chen）描述了指标如何能够围绕现有策略进行优化以达到"局部最大值"。在这些点上，团队可能已经达到了当前计划或活动的极限。为了达到一个新的水平或"全局最大值"，需要改变战略、思维或应用资源。因此，团队跟踪指标并不断优化至局部最大值至关重要，但随后也要认识到何时需要新的思维或战略支点，以达到新水平或全局最大值。

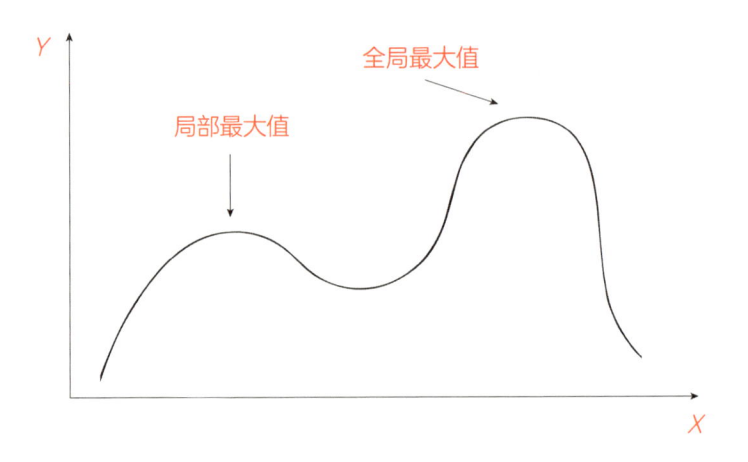

图12-1　局部最大值和全局最大值

在考虑一个支点时，团队可以从他们可能正在优化的现有指标之外寻找，以便通过不同的数据点识别新的模式，从而开辟新的思维和新的可能性。正如数据可以支持增量改进和持续优化一样，它也可以重构所处环境并挑战现有思维。

基石时刻

物理学家默里·盖尔曼（Murray Gell-Mann）认为，"实际看到的历史是由简单的基本定律共同决定的，并且是由一个不可思议的长序列的事故或偶然事件决定的"。换句话说，虽然有支配世界的基本规律，但它也受到随机事故和不可预见事件的影响，这些事件为新的可能性创造了机会，但如果它们走向另一条路，很容易就会出现一个非常不同的世界。作家帕里什描述了如何"及时冻结"这些对后续事件产生潜在的重大影响的事故。帕里什引用了埃里克·贝恩霍克（Eric Beinhocker）的《财富的起源》（*The Origin of Wealth*）一书中的几个故事，展示了这样的事故可能会产生的影响。贝因霍克描述了神枪手安妮·奥克利（Annie Oakley）如何成为布法罗比尔的狂野西部秀中最受欢迎的表演者之一，她在19世纪后期成功地在美国巡回演出。安妮会使用花样来展示她的技巧，包括射灭蜡烛的火焰和射落勇敢的志愿者嘴里叼着的点燃的香烟。由于观众中没有人会站出来，安妮会将她的丈夫弗兰克安置在观众中充当志愿者，让安妮展示她著名的技能。当该节目在欧洲巡回演出时，刚继位的德国皇帝威廉二世碰巧在观众中观看其中一场演出，令安妮惊讶的是，他竟然自愿参加了她的压轴戏：

德国皇帝大步走上擂台，把香烟叼在嘴上，做好了准备。前一天晚上在当地啤酒花园里熬夜的安妮对这一意想不到的事态发展感到不安。她在视野中把香烟排成一排，闭上一只眼睛瞄准……然后直接射中目标。

很多人都在猜测，如果安妮的手在那一瞬间轻微地颤抖了，可能会改变20世纪世界历史的进程。如果威廉二世没有幸存下来，也许第一次世界大战就不会发生，从而挽救数百万人的生命。也许德国在第一次世界大战中战败后，希特勒就不会上台了。虽然这一切都是设想，但它展示了这些时刻如何使预测未来事件变得如此困难，以及当时看起来相对无关紧要的时刻如何可能产生如此明显不成比例的影响。

贝因·霍克还举了比尔·盖茨和微软如何创建第一个个人计算机操作系统的例子。IBM在1980年首次接触盖茨和他的联合创始人保罗·艾伦，要求他们创建一个适用于个人计算机的新编程语言。他们要求盖茨推荐一种机器可以运行的操作系统，盖茨建议使用数字研究操作系统，该操作系统在当时的业余爱好者微型计算机中很流行。但数字研究公司的创始人加里·基达尔（Gary Kildall）对此不感兴趣，因此IBM询问盖茨是否对操作系统项目感兴趣。盖茨从来没有写过操作系统，但他答应了，他立即以50000美元的价格从西雅图计算机产品公司获得了Q-DOS（快速磁盘操作系统）的许可，并进行了一些修改，然后将其作为PC-DOS（个人计算机磁盘操作系统）重新赋权给IBM。当他们就合同进行最后谈判时，盖茨要求做一个小改动——保留在非IBM机器上销售他的DOS（磁盘操作系统）的权利，一个称为MS-DOS（微软磁盘操作系统）的系统。由于当时IBM主要从事硬件业务，因此他们同意了。该合同于1981年签署，该决定的影响将在接下来的四个十年中得到体现。在撰写本文时，微软的市值为21650亿美元，按该标准衡量，它是全球第二大市值公司。

这样的时刻就是我们所说的"基石时刻"。事件从一个转折点开始产生巨大的后果。在砖石建筑中，基石是拱顶的楔形石头，通常是施工期间放入的最后一块石头，将拱门中的所有石头锁定到位。一块好的基石可以使拱门承受很大的重量，一块不好的基石会导致拱门倒塌。但这两个结果都产生了重大影响。基石时刻和级联后果表明，仅凭高度的信心预测未来十分困难。它们证明了预测的错误确定性以及对适应性方法的需求。正如帕什里所说，我们必须了解"与其预测倒不如构建不需要预测的系统"。领导者更要认识到为了避免负面的连锁反应，必须迅速采取行动适应环境，但同时也要迅速发现并利用基于快速学习和反馈循环建立动力的正面连锁反应。在下一节中，我们将看到一个通过"飞轮"方法创建正级联的示例。

这里谈谈关于基石的最后一个想法。查尔斯·杜希格（Charles Duhigg）在他的著作《习惯的力量》（*The Power of Habit*）中写道，习惯在推动和塑造我们的行为方面非常强大。例如，杜克大学的一项研究估计，在我们每天所做的选择中，习惯而不是有意识的决策影响了多达45%的选择。杜希格说，习惯构成了行为的触发因素或线索，即我们采取的应对措施和我们从中获得的好处。改变习惯的最好方法是重塑它们，这需要了解触发因素发生的环境、我们通常对这些触发因素做出的反应，并了解奖励和习惯所服务的需求。一旦我们理解了这一点，我们就可以有意识地设计不同的行动和不同的奖励来重塑一个新习惯〔他建议写一个改变计划：当（插入提示）时，会（插入新的习惯），因为它提供了（插入奖励）〕。团队领导者可以使用这种方法来塑造团队行为并使团队形成积极的习惯。例如，在敏捷营销中，我们可能想让基于证据的决策更多地成为团队的习惯。因此，我们可能会设计一个计划，为将数据驱动的决策置于工作核心的团队成员创造内在动力和奖励。即使是简单的问题（比如领导者向团队提出的问题，以及他们选择认可和放大的内容），如果随着时间的推移以正确的方式进行，也可以帮助重塑习惯。

查尔斯·杜希格还谈到了"基石习惯"，他将其描述为"人们在日常生活中引入的微小变化或习惯，无意中延续到他们生活的其他方面"。这些基石习惯是级联到其他行为并有可能产生重大后果的行为。在敏捷营销中，基于证据或数据驱动的决策就是这样一种关键习惯。这是一个积极的方面，因为它直接影响到个人和团队优化和尽快识别潜在有害变化的能力。在个人层面上，对每个会议邀请说"是"可能是消极基石习惯的一个例子，它可能会造成许多其他后果，包括没有时间完成工作、有压力、无法合理安排时间等。团队应了解积极和消极的基石习惯，为能够将真正的敏捷性嵌入团队的行为类型建立动力。

以慢为快

赢得胜利的秘诀是尽可能慢地前进。

——尼基·劳达（Nikki Lauda）

敏捷实践通常与团队以更少的资源做更多的事情和更快地实现成果相结合，而且在许多情况下，引入敏捷方法的确可以为团队提高生产力、提高效率，增加洞察力，让产品更快进入市场。而且，快速行动和更快的决策节奏并不一定意味着会做出低质量的决策。

上面提到的尼基·劳达知道，一级方程式赛车很精致，几乎没有冗余，需要快速驾驶，也需要精确和小心。车手在比赛中必须保护发动机和轮胎，确保赛车能跑完规定距离。许多赢得多个冠军的车手都以在比赛期间照顾汽车的能力而闻名，同时也以惊人的速度驾驶。

优秀敏捷营销团队的技能来自快速行动，同时仍能做出高质量的决策。前面提到过，要更多了解背景，以及它是可逆的"70%"决策还是需要更多信息的"90%"高风险决策，才能做出相应决策。理解这一点对于团队在较长时期内做出正确决策并真正实现和超越目标和成果至关重要。有时团队需要缓慢前行，这样在需要快速行动时才能万无一失。如果一个团队能够意识到需要花时间才能保证做出正确的决定，并且给予他们足够的空间和资源实现决定，那么他们最终会更加成功。敏捷不仅仅是快速行动，更是谨慎和精确地快速行动。

创造飞轮——积极的强化循环

飞轮可以用来描述正反馈循环是如何建立的。这些复合强化循环可以帮助业务主张通过数据扩展，在营销战役中创造动力，扩大影响力。飞轮由苏格兰发明家詹姆斯·瓦特（James Watt）发明，是一种节能轮，一旦开始旋转，就会产生动量，更容易加速到更快的速度。该概念在敏捷营销的背景下得到广泛的应用。

飞轮效应可以对业务增长产生积极影响。布拉德·斯通（Brad Stone）在他的《万物商店：杰夫·贝佐斯和亚马逊时代》（*The Everything Store: Jeff Bezos and the Age of Amazon*）一书中描述了亚马逊如何利用这一想法建立他们的业务：

亚马逊用较低的价格吸引更多的客户访问。更多的客户增加了销售量，并吸引了更多支付佣金的第三方卖家到该网站。这使亚马逊能够从固定成本中获得更多收益，例如运营中心和运行网站所需的服务器。这种更高的效率使其能够进一步降低价格。

亚马逊意识到，如果他们给这个轮子的任何部分提供动力，它就可以加速整个循环。

爱彼迎（Airbnb）在早期发展阶段也有类似特点。网络效应是指网络上每增加一个用户或节点，都会增加整个网络的价值。由于网络的价值是网络上用户数的平方，因此它可能会因成本的边际增长而创造不成比例的价值增长。"交叉"网络效应的概念意味着爱彼迎的供应（有趣的住宿地点）越多，产生的需求（想要住在有趣的地方的人）也越多。爱彼迎的需求越多，创造的房源就越多，因为房东意识到这是出租房产的最佳选择。同样，"同侧"网络效应是指，对平台有良好体验的用户会向可能没有使用过爱彼迎的人推荐该平台，或者房东由于入住率高而向其他房东推荐该平台。这些复合循环有助于规模的快速增长。当营销人员努力打造网络效应，快速增加平台的用户数量时，也需要关注能够建立网络价值和创造积极反馈循环的策略。

同样地，飞轮效应有助于在业务层面围绕组织关注的重要领域（如客户体验）建立动力。它可以围绕提供真正卓越的客户体验调整所有业务领域，利用客户满意度和客户利益代言来推动客户获得、客户推荐和重复销售，从而创造复合收益。营销技术公司HubSpot使用机械飞轮作类比，描述了飞轮中的能量或动量如何取决于轮子的旋转速度、系统中的摩擦力和轮子的大小。这些元素中的每一个都提供了机会：

● **飞轮速度**　专注于对营销和客户体验影响最大的领域的举措和战略是可以增加飞轮动力的"力量"。这些大概包括客户推荐计划、付费广告或入站营销。战略需要确定在何处及如何将这些力量发挥到最大效果。

● **消除摩擦**　为了快速发展，消除策略中的摩擦也很重要。这意味着要消除那些会让你慢下来的执行阻力，包括效率低下的流程带来的摩擦、糟糕的协作或沟通，或者缺乏对目标的理解和协调。

- **飞轮规模** 我们可能会认为这就是考虑战略实施背后的预算或资源规模，但其实这也涉及团队如何通过关注指标不断建立成功和影响力来建立动力，在正确的时间持续优化和调整策略。

积极强化的反馈循环也有助于为特定的营销目标建立动力。客户获取和参与循环就是这种策略的简单示例。前者发生在服务的新用户通过宣传或内容共享帮助招募其他新用户时。例如，TikTok（抖音短视频国际版）通过在平台内创建出色的移动原生视频制作工具，然后让内容创建者尽可能轻松地在其他平台上分享视频，每个视频都带有TikTok徽标水印，迅速建立了知名度。客户积极参与循环意味着随着更多用户参与和使用一项服务，会有更多的用户参与和使用该服务。例如，脸书极度关注提高用户黏度，并进行了数千次测试，测试涉及对动态消息进行微小更改，以期改善这些指标。他们明白，用户参与度越高，越会产生更有趣的动态消息，继而带动其他人更多参与。这一循环将创造更多用户黏度等。另一个积极强化循环的例子是付费搜索（例如按点击付费）与亚马逊等零售网站上的自然搜索之间的关系。由搜索算法驱动的搜索结果中的有机排名通常受到销售速度的强烈影响。换句话说，销售速度越快，产品在网站自然搜索结果中的排名可能就越高。使用付费搜索活动在适当的时间（例如，在现场推出新产品时）促进销售可以提高销售速度，从而推动自然搜索排名，进而推动更多销售。

飞轮也可以支持快速创新。当团队构建新功能时，飞轮支持团队快速分享学习成果并让其他团队使用这些功能，帮助其他团队在该创新的基础上进行构建。例如，一个正在试验机器学习的团队可能会构建一个成功的模型，服务于多个团队目标。共享该模型，允许其他团队进行试验并在此基础上进行构建，可以提升其机器学习能力。

敏捷营销团队可以通过多种方式在他们的战略中构建强化循环，但其目标始终是推动增长。

营销运营和工作流程

营销运营角色的发展源于营销团队优化工作流程的需求，因为他们塑造了一个完全针对其需求进行优化的技术堆栈。该角色在不同的团队中可以发挥略微不同的功能。一些营销运营角色更专注于确保团队能够充分利用技术堆栈，并用来支持团队需求。系统的持续管理和优化可能是其中的关键部分。该功能还可以使系统使用的工作流和数据流尽可能高效地结合起来。例如，在敏捷团队的规模化营销中，这些人可以在启用工作流方面发挥关键作用，从而在团队需要时促进对数据和系统的访问。运营人员还可以与数据专家合作构建实时大屏并远程访问可以告知进度的关键信息。他们甚至可以与专注于活动规划和报告的其他团队成员更紧密地合作。

一方面，这些角色已经出现，且变得越发重要，另一方面，团队正在做的事情越来越复杂，技术和数据也在不断整合到营销流程的结构中，优化工作流程成为当务之急。

第六部分
敏捷营销文化和领导力

第十三章　什么是营销中的敏捷文化

敏捷营销文化的属性

有许多行为和心态属性与本书中讨论的许多过程和工作方式并存，我们可能都会认为这些是必不可少的推动因素。例如，以客户为中心的心态，这是一种偏向于行动的态度，始终寻求将客户价值与业务成果相结合。然而，除此之外，还有许多重要的文化行为真正使敏捷营销团队能够快速学习、良好协作并交付卓越的成果。接下来，我们将深入探讨以下主题，这些主题捕捉到了敏捷营销的关键行为：

- **好奇心和探索**　渴望不断学习，以不同的方式思考，寻找答案，为探索和实验创造空间。
- **自主权和赋权**　能够在各自负责的领域做出决策的团队积极性良好，且可以快速行动。
- **协作与合作**　具备跨学科工作能力，与其他团队成员合作或跨团队横向合作解决问题。通过背景、个性和认知的多样性更好地解决问题。
- **心理安全**　创造一个将信任和尊重与畅所欲言的能力相结合的环境。
- **主人翁精神**　主动承担责任，不去假设别人会填补空白。
- **成长心态**　将失败和挑战视为学习和成长的机会。

- **支持** 建立网络和社区以分享知识和支持学习，训练团队保持敏捷方面的价值。

方差公司的敏捷文化

方差公司（Variance）的客户增长平台有一个清晰的愿景和价值观，让公司实现真正的敏捷文化。他们的愿景是建立一个平台，使组织中的每个人都能推动增长。相应地，价值观是围绕工作方式中一些明确但包容的期望而形成的，解释如下：

- **用户＞买家** 作为软件即服务（SaaS）企业，成功取决于产品使用情况，也就是说组织中的每个人都必须"关注我们的产品、客户的使用情况和我们如何不断改进"。

- **大脑＞角色** 每个人在公司中都有特定的角色，但每个人都应该是一个聪明、有发言权的团队成员，这意味着他们看到了什么就应该说出来。

- **影响＞效率** 虽然技术可以极大地提高效率，但收益也来自杠杆作用。"效率可以成为一种庆祝活动，而影响力则是确保每个人、每一分钟、每一美元和每一个工具都专注于能够带来最大成果的任务。"

- **成长=复合成功** 最资深的员工是最有价值的，他们是知识复合型人才，这意味着要留住人才，关注职业发展。"我们对客户也有同样的感觉。"

方差公司相信写作会尽可能地激发员工的思想。在他们的"会议法则"中，这等于尽可能避免演示，而是把事情写下来，在有意义的时

> 候从阅读开始，或者用白板思考挑战。他们表示，开会在有用的时候很好，没用的时候很糟糕，但这是公司里花费最大的事情之一。因此，会议要尽可能地有价值，需要说明会议是否真的有必要，并明确说明目的。不需要太多人参会，只需要做出决定的人员参加即可，在完成手头任务的同时，保持快速和专注。

打破和重塑习惯

我们在研究代表高绩效敏捷营销团队的个人文化特点之前，先考虑一下习惯的力量。本书前面提到过，杜克大学的研究人员大卫·尼尔（David Neal）、温迪·伍德（Wendy Wood）和杰弗里·奎因（Jeffrey Quinn）进行的一项研究估计，习惯（而不是有意识的决策）可以影响我们每天多达45%的决策和行为。习惯是有力量的。在营销团队中，习惯性行为可以影响我们处理任务、解决问题和确定价值的优先次序。

在《习惯的力量》一书中，查尔斯·杜希格描述了摆脱坏习惯的最佳方法：用一个新习惯取而代之。我们需要意识到三个元素：触发你的习惯开始的线索、你采取的行动、你这样做的好处。"习惯循环"指通过奖励不断强化触发行为的线索。牢记这一点可以让我们专心致志地研究如何改变这些元素。了解我们周围的环境可以帮助我们识别最频繁出现的线索和引发线索的诱因。观察奖励有助于我们了解自我满足的需求。在确定了线索和奖励之后，我们可以通过改变常规来重塑一个习惯。

B.J.福格（B.J.Fogg）提供了一种建立新习惯的好方法。在《微小的习惯：改变一切的小改变》一书中，福格将长期行为变化定义为源自顿悟、环境变化和许多小习惯随时间推移的累积效应。这说明我们需要为变革和新方向设置一个令人信服的需求，这也意味着改变决策背景，让人们尽可能容易地每天做出正确的行为。在敏捷营销环境中，一个团队转向敏捷工作方法时，需要将变革根植在可靠的理由和鼓舞人心的愿景中，支持能够真正使人们以不同方式工作的文化属性。日常行为是支持长期变革的文化基础。福格接着描述了行为是如何由诱因、动机和能力决定的。如果有一个元素缺失，行为就不会发生。同样，领导者需要确保人们有动力、有能力采取行动改变行为。鼓励人们使用每天发生的线索和触发器，从微小行为变化开始，创造持久的改变。

习惯是行为的强大驱动力，因此领导者必须考虑他们希望团队改变的习惯是什么，再去创造人们可以重塑习惯的有利环境。

第十四章　探索文化

激发好奇心

敏捷营销可以提高营销运营和实践的效率，但它远非只是以更少的资源做更多的事或做得更快，它也涉及持续的探索、实验、测试和学习。组织喜欢确定性，但正如意大利理论物理学家和作家卡洛·罗韦利（Carlo Ravelli）所言：

我认为人类犯下的最大错误之一就是总希望在理解某事时追求确定性。支持人类知识探索的不是确定性，而是不确定性。如果我们敏锐地意识到自己无知，对怀疑持开放态度，就可以继续学习，并学得更好。这一直是科学思维的力量——源于好奇、反抗、变化的思维。

环境快速变化，团队不仅需要做出响应和调整，还需要不断学习并创造性地解决挑战。在这种情况下，好奇心是一个重要的价值创造因素。敏捷营销团队应该始终关注交付和创造价值，同时也应该持续关注探索和引入新的观点，这些观点可以挑战假设并在解决问题、形成想法和塑造能力等方面产生飞跃。

艺术家查克·克洛斯（Chuck Close）曾经说过：

灵感是业余人士的专用词汇。我们其他人只是每天照常工作。如果只等着乌云散去，一道闪电击中你的大脑，就不会有多少作品。所有最好的想法都来自过程，来自工作本身。

这条建议针对年轻艺术家（"以及任何愿意接受我的意见的人"）提出，其精髓在于，不要坐等灵感凭空到来，要明白你必须努力工作。敏捷营销也是如此，团队需要意识到灵感可能会随时出现，但它来自工作。团队需要时刻准备好吸收创造性想法并采取行动，也需要为不断的探索创造空间。

当然，许多企业环境并不重视好奇心和探索新想法要花费的时间。持续追求效率导致交付的投入时间与学习的投入时间产生激烈冲突。人们常常会牺牲学习和好奇心，换取生产力和效率。哈佛商学院教授弗朗西斯卡·吉诺（Francesca Gino）对商业好奇心的价值进行了广泛研究。她的研究基于取自3000名来自各个行业的员工的数据，研究表明，员工对业务越好奇，对决策的思考就越深入，越不容易受到前面提到的那种认知偏差的影响，因此决策错误也就越少。92%的研究参与者认为好奇心是高绩效、工作满意度、动力和创新的催化剂。尽管如此，70%的受访者表示，想要在工作中提出更多问题会面临诸多障碍，只有24%的受访者说他们经常对工作感到好奇。

领导者可能会大肆赞扬好奇心，但却没有在员工工作环境中真正重视好奇心。由网络调查公司"调查猴子"（Survey Monkey）与欧洲工商管理学院组织行为学副教授斯宾塞·哈里森（Spencer Harrison）合作进行的一项（基于23000名员工的）大型研究显示，虽然83%的高层领导表示他们的公司"极大地"或"相当"鼓励好奇心，但只有52%的员工对此表示认可。超过四分之三（81%）的低级别员工认为好奇心对他们的薪酬没有实质性影响。

职场好奇心的好处显而易见。除了促进学习、形成创意和创新，还可以增强同理心和彼此的联系，减少职场中的无益冲突和钩心斗角。对于敏捷营销人员来说，好奇心是基本品质，可以促进探索、打开思维，提高团队效率。后文将具体介绍敏捷营销领导者和团队激发好奇心的一些技术。

留心观察的艺术

虽然好奇心可以促进团队学习，但对于敏捷营销团队来说，留心观察反馈或输入与预期不符，好奇地探索并找出原因也很重要。当这些异常或令人惊讶的数据或反馈不符合我们当前的世界观时，我们很容易就会忽略它们。然而，它可以发现令人意想不到的见解，激发新想法，开启新思维，把一个团队带入完全不同的方向。

纵观历史，令人惊叹的创新都来自有人注意到一些意想不到的事情，之后在好奇心的驱使下，寻求解释，理解过程。1895年，德国物理学教授伦琴正在试验通过低压气体传导电。一个秋天的晚上，他在实验室里测试阴极射线能否穿过玻璃。他用厚重的黑纸包住阴极管，却发现附近的荧光屏上仍有微弱的绿光。出于好奇，他进行了许多试验，将各种物体放置在未知射线的路径和感光板之间，发现与更薄的物体相比，更厚、更坚固的物体能够阻挡更多射线。然后，他让妻子将她的手放在射线的路径上，感光板上出现了她的手骨和婚戒，这是历史上的第一张X射线照片。他意识到，这将极大地造福医疗事业。果然，在伦琴发现X射线后的一年内，欧洲和美国都开始使用X射线来治疗骨折、肾结石，甚至是枪伤。伦琴在1901年获得了首届诺贝尔物理学奖，然而，如果他没有对荧光屏上看到的绿光感到好奇，故事可能会大不相同。

作为一名工程师，珀西·斯宾塞（Percy Spencer）在第二次世界大战期间为雷神公司和美国军方工作，研究可用于雷达的电磁波的磁控管或电子管。1945年，他在试验磁控管时发现自己口袋里的花生糖融化了。由于花生糖的熔点比普通的巧克力棒高得多，因此斯宾塞知道这是由磁控管造成的，微波炉随之诞生了。

大约在斯宾塞发明微波炉的同时，一天，乔治·德·梅斯特拉尔（George de Mestral）带着他的狗打猎归来，他停下脚步查看粘在狗毛上的苍耳。德·梅斯特拉尔很想知道它们如何轻松地固定在毛皮上，于是他拿出显微镜观察，发现它们的表面全是细小的钩子。在苍耳的启发下，他想知道能否制造出一种可以模仿苍耳特征和结构的织物，从而制造出一种易于拉开的新型接触紧固件。德·梅斯特拉尔坚持不懈地完善他的发明，找到制造商生产，自此之后，魔术贴广泛应用于世界各地的服装之中，甚至就连美国国家航空航天局也在阿波罗计划中使用了魔术贴。

1968年，明尼苏达矿业及机器制造公司（3M公司）的斯宾塞·西尔弗（Spencer Silver）正在开发一种可用于制造飞机的超强黏合剂。研究过程中的一个错误反倒使斯宾塞发明了一种新型黏合剂（丙烯酸酯共聚物微球），它没有超强黏性，而是只能轻轻粘在物体表面而不与其紧密黏合。这些微球能够保持黏性，也能够使两个物体表面轻轻粘在一起并轻松剥离。多年来，西尔弗一直在寻找微球黏合剂的用途，他从未放弃。3M公司的另一位科学家阿特·弗莱（Art Fry）参加了西尔弗就其发明举办的一场研讨会。弗莱每周三晚上都会去当地教堂练习合唱，并用纸片标记他们计划在周日做礼拜时唱的赞美诗，但到了周日，这些纸片经常从赞美诗中掉下来。弗莱受到了启发并与西尔弗合作，将这项发明转化为产品。他们开始使用第一版新产品给对方留言。弗莱说："我想，我们的产品不仅是一个书签，还是一种全新的交流方式。"如今，3M公司每年能够卖出超过500亿张便利贴。

这样鼓舞人心的例子还有很多。亚历山大·弗莱明（Alexander Fleming）将一些金黄色葡萄球菌培养基在实验室里放了两周后发现，在一种叫作产黄青霉菌的霉菌周围没有金黄色葡萄球菌，于是他发现了青霉素。在19世纪初，塔比莎·巴比特（Tabitha Babbitt）注意到，用长锯锯木头很费劲，每次都需要两人合力完成，且只能朝一个方向锯。于是，她在纺车上安装了一个圆形刀片，并发明了效率更高的圆锯。艾达·洛夫莱斯（Ada Lovelace）在翻译数学教授查尔斯·巴贝奇（Charles Babbage）的笔记时添加了自己的笔记，并因此编写出第一段计算机算法。火柴棍是由英国化学家约翰·沃克（John Walker）发明的，当时他不小心将一根涂有化学物质的棍子刮到了壁炉上，结果它着火了。爱德华·本尼迪克特斯（Edward Benedictus）在实验室里打翻了一个烧瓶，然后注意到玻璃之所以没有碎成一堆玻璃碴，是因为它涂有硝酸纤维素，随后他发明了安全玻璃。喷墨打印机的起源是一位佳能工程师不小心将热熨斗架在了墨水笔上。好莱坞女演员海蒂·拉玛（Hedy Lamarr）与在晚宴上结识的乔治·安泰尔（George Antheil）一同发明了一种革命性的通信系统，该系统利用的是无线电波中的"跳频"原理，最初是为引导鱼雷击中目标而开发的，后来成为当今无处不在的通过Wi-Fi和蓝牙进行无线通信的基础。

这些例子都说明，如果发明者没有注意到一些不寻常的东西，如果他们没有好奇心和进一步探索的愿望，这些都不会实现。如果伦琴没有好奇地探索绿光是什么，如果斯宾塞不觉得口袋里的花生糖融化有什么不寻常，如果阿特·弗莱没有尝试将西尔弗的发明应用到新的领域，或者弗莱明没有将霉菌的影响视为异常，我们今天的生活将会如何？这些发明似乎都是偶然发生的，但正是发明者的好奇心让伟大的事情成为现实。

在敏捷营销中，我们也许不会发明青霉素或创造最终将被数百万人使用的产品，但是留心观察、好奇心和探索的意愿同样重要。

最佳实践的专断之处

公司规模扩大之后很容易向内聚焦。团队不再从广泛的输入和来源中寻找新的观点，而会缩小关注点，聚焦部门内部发生的事情。他们不再关注更广泛的业务、想法和实践，发掘挑战自身规范的方法，而是轻松地专注于眼前的事情。团队不再花时间探索更多非传统的例子和背景，考虑这些想法能够如何逐步改变自己的能力，而是最终把时间花在竞争上。

谷歌联合创始人拉里·佩奇（Larry Page）谈到了关注竞争的局限性。如果，一个团队想真正做到令人惊奇的事，那么打破特定行业的规范和假设就很重要：

我担心我们经营公司的方式出现了严重问题……如果你能做得最好的事情就是击败其他做大致相同事情的公司，那么上班能有多大的吸引力？这就是为什么大多数公司都会随着时间的推移慢慢衰落。

渐进式改进极具价值，但就像前文所述，优化是有限度的。始终专注于之前所做的事情，却只对其做出一些微小改变，可能会错失在如何实现结果或可能实现怎样的结果方面实现真正飞跃的机会。采用最有趣或最具挑战性的概念，向其他领域学习并思考"我们可以如何借鉴"是产生有可能改变游戏规则的简单方法。

最佳实践的专断之处在于，它假定有一种单一的方法或流程是最佳解决方案，团队只需要找到并遵循该实践即可获得最佳结果。最佳实践当然可以用于高标准的设定级别和标准化工作方法（例如，在成熟度水平不同的市场中设定标准）。团队可以开发自己的最佳实践，通过脚本或方法论来交流和推广通用的方法和标准。然而，最佳实践的风险正是这种标准化方法的固有风险。最佳实践很容易忽视特定环境的细微差别，在快速发展的环境中这可能会演变为一种挑战。它很容易过时，会限制生产适应性。例如，如果行业内的所有团队都遵循公认的最佳实践，那么它们之间有何差异？各团队制定的独特的创造性解决方案的优势在哪里？

出于这个原因，使用最佳实践方法来推广高质量的工作方式很重要，但同样要认识到新观点和创造性新方法对取得成果同样重要。使用最佳实践的危险在于，团队可能会痴迷于一种方法，而忽略了他们真正打算实现的结果。杰夫·贝佐斯提过，公司变得越来越大，越来越复杂之后，就会倾向于使用代理，过程作为代理（process as proxy）就是一个常见的例子。好的过程可以为好的执行提供支持，但是如果企业不够谨慎，这个过程可能会替代你真正想要的结果。过程作为代理不关注如何以最有效和最高效的方式最好地实现结果，而假设遵循通常使用的过程就能获得最佳结果。如他所言："过程不是最重要的问题。要问问，究竟是我们控制过程还是过程控制我们？"

贝佐斯还描述了市场调查和客户调查是如何过度简单化地代表客户的真实想法和感受的。研究和调查本质上并不是一件坏事，但是团队可能会过度依赖这种反馈形式，而不去花费时间和精力深入了解客户。测试和研究可以帮助团队发现自己的盲点，这些盲点可能产生非凡的客户体验，"它们来自内心、直觉、好奇心、乐趣、胆量和品味。在调查中你是找不到这些的"。

换个思路

他挂了电话，吃完早餐，离开了公寓，这样他就可以在星期天为约翰·肯尼迪挖坟了。

——吉米·布雷斯林（Jimmy Breslin）

1963年11月26日，就在约翰·肯尼迪（John Kennedy）被暗杀几天后，也是他下葬一天后，《纽约先驱论坛报》发表了由著名记者兼作家吉米·布雷斯林撰写的专栏文章《这是一种荣誉》。在约翰·肯尼迪举行葬礼的那天早晨，布雷斯林本可以像其他专栏作家那样去参加葬礼，但他决定采访阿灵顿国家公墓的掘墓人克利夫顿·波拉德（Clifton Pollard），从他的角度讲述这场葬礼。结果，这篇文章成为有史以来最令人难忘的报纸专栏文章之一。

布雷斯林精明的报道极好地说明了，以一种极其不同的方法来实现预期的结果可以带来超乎寻常的结果。有时，世界向左转时，你最好向右转。在上一节中，我们谈到人们很容易痴迷于一个流程，而忽视自己真正想要努力实现的结果。在敏捷营销中，重点指标对于指导工作和调整活动非常有益。然而，在不断优化短期措施的过程中，我们可能很容易错过重新思考一种方法的机会，这种方法能够重新定义挑战，或使我们采取非常不同且不太明显的方法。换句话说，团队可能会陷入困境。平衡短期优化与长期愿景，使用各种输入有助于避免这种情况。例如，不断考虑在（来自市场研究和调查及民意调查的）所谓的行为输入与（来自互动、客户行为和活动的）实际行为测量之间取得平衡的做法。定期抛开围绕一组重点指标的持续优化，使用直接的客户反馈（采访客户）、定性输入或新的调查数据，可以帮助团队从不同角度思考如何更好地实现长期目标。

《选择工厂：影响我们购买的25种行为偏差》（*The Choice Factory: 25 Behavioural Biases That Influence What We Buy*）一书的作者理查德·肖顿（Richard Shotton）曾指出，过于关注单一指标会过度简化复杂的挑战：

这个过程涉及权衡：为了简化而失去代表性……当人们忘记权衡并且更重视跟踪数据时，问题就会出现，就好像它是明确的答案而不仅仅只是证据。

营销团队很容易远离客户。查看营销仪表板是跟踪行为和优化活动的绝佳方式，但有时你需要更深入地了解问题，从客户的角度看待问题，换一种方式思考你正在学习的课程。与真正的客户交谈应该是敏捷营销团队的习惯性行为。肖顿举了一个例子，特里·莱希爵士（Sir Terry Leahy）在乐购领导营销团队时（他后来成为乐购的首席执行官），对乐购无麸质产品的销售分析表明，购买该系列产品的顾客每次光顾乐购时并不会在这类产品上花很多钱。这些产品看起来表现不佳，他完全可以认为这类产品没有需求，应该下架。然而，他没有直接做出这个决定，而是选择采访一些无麸质产品的购买者。结果表明，这些顾客会专程去此类产品种类繁多且供应充足的超市购物。因此，他并没有将无麸质产品完全下架，而是做出了相反的决定。早在竞争开始前，莱希就在乐购推出了"Free From"（不含某种成分）系列产品并且大获成功。

每隔一段时间，每个人都可以从重新定义挑战和质疑是否有比现有方法更好的途径来实现我们的目标。利用各种输入可以帮助敏捷营销团队确保他们能不断以最佳方式解决问题。

重视外部视角

使用外部视角是一个关键策略，可以帮助我们抵消自满情绪，避免过程作为代理，拘泥于特定的做事方式。外部视角不仅仅来自顾问，营销团队也要采取主动的行为和实践，引入外部视角，挑战假设和公认的规范，这将给团队带来巨大优势。为实现这一点，最好的方法之一是要求团队每位新成员主动挑战公认的规范。在他们加入团队一个月后举行一次反馈交流会，鼓励他们列举出似乎不是最佳实践，且十分荒谬的工作实践。营销团队应明确表示可以挑战任何假设或方法，并且每条反馈都会受到重视。

然而，除此之外，营销团队还必须系统地努力探索新的领域和思维，不断引入新观点。这不是一件容易的事。组织内部的吸引力总是向内聚焦的。繁重的报告、低效的会议和不必要的官僚作风很容易浪费时间。团队之所以能够获得奖励，是因为它能够向上管理，而不是因为它能够向外聚焦。之所以能够得到认可，是因为它能够安抚好利益相关者并撰写全面的报告，而不是因为它愿意花时间去探索和试验。

我最喜欢的一个例子来自另一个行业，是英国伦敦大奥蒙德街儿童医院的医生和一级方程式赛车维修队之间看似八竿子打不着的合作。将儿童从手术室转移到重症监护室的过程十分复杂，通常需要花费30分钟，因为在密闭空间工作的团队需要处理很多电线和管子。医生们知道，改进这一过程可以直接为他们照顾的孩子带来好处，甚至可能挽救生命。在进行了12小时的紧急移植手术后，心脏外科医生马丁·艾略特（Martin Elliot）与重症监护室主任医生艾伦·戈德曼（Allan Goldman）博士在员工休息室观看世界一级方程式锦标赛。当赛车进入维修站更换轮胎、补充燃料时，他们注意到维修站工作人员能够在几秒内将赛车再次送上赛道，并由此萌发了一个想法。他们邀请法拉利和迈凯轮车队一起研究医院的交接流程，技术人员提出的建议涵盖了从设备到流程，甚至员工培训方式在内的方方面面。车队就如何重组程序、管理交接程序期间的关键职责和任务向医院提出建议，甚至提供了每个工作人员的站位图表以及关于排练和实施的建议。此后医院对27场手术进行审查并发现，技术和信息移交错误的数量几乎减少了一半。

诸如此类的新视角既可以带来效率上的增量改进，也可以带来能力上的巨大进步，甚至可以帮助团队看到对局外人来说可能很明显，但团队本身却发现不了的事情。人们很容易相信，最显而易见的想法会很容易被识别并付诸行动，但不知何故，事情远非总是如此。例如，不起眼的纽扣已经有几千年的历史了。

人们认为现存最古老的纽扣是在巴基斯坦发现的由贝壳制成的纽扣，

据说已有5000年的历史。由于如今纽扣如此普遍，也许你会以为不久之后，纽扣孔就出现了。然而，在许多个世纪里，纽扣的作用纯粹是装饰，在中世纪，衣服仍然用胸针和扣环系住、扣住或固定。直到13世纪（纽扣发明数千年后），人们才发明了加固扣眼，这极大地改变了服装的设计和穿着方式。

农业史上最重要的发明之一同样迟到了数百年。中国人在汉代发明了铧式犁，犁上装有一块V形铸铁刀片，刀片两端像鸟的翅膀一样拱起。这有助于刀片深入土壤并轻松翻土。图14-1中的7即为犁壁。

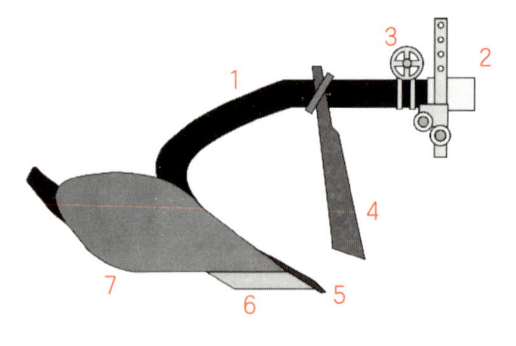

图14-1 带犁壁的犁

查尔斯·C.曼恩（Charles C Mann）在他的著作《1491：前哥伦布时代美洲启示录》中写道，铧式犁的好处似乎显而易见，但直到17世纪引入了铧式犁，欧洲农民才舍弃了已经使用了数百年的重犁。在此之前，这种效率极低的重犁需要好几头牛才能拉动，而中国的铧式犁只需一头牛就能拉动。正如曼恩所说：

引入铧式犁后，欧洲农业生产出现了爆炸式增长，由此产生的繁荣是启蒙运动赖以存在的根基之一。

几个世纪以来，欧洲农民一直在与难以使用的犁做斗争，效率极低，但从未有人想过只要重新设计就能更轻松地完成工作。

外部视角的价值往往在于挑战通常不被挑战的规范。这些有害的假设是一种嵌入流程并且不会遭到质疑的信念。随着时间的推移，有害的假设会逐渐积累并阻止新想法的产生，会阻碍创新并使团队陷入低效或过时的工作方式。

> ### ◉ 激发好奇心的实用方法
>
> 领导者可以使用许多策略来扩大好奇心带来的机会：
>
> - **提问** 当领导者提出大量探索性问题时，不仅为员工做了示范，还可以鼓励员工进行探索。
>
> - **制定学习目标** 行为科学家弗朗西斯卡·吉诺总结过领导者为团队列出明确的学习目标的好处，这可以给他们提供探索的方向。
>
> - **提出正确的问题** 提出"为什么？""如果……怎么样？"和"我们可以……吗？"这些问题都是开辟新思维的有力方法。
>
> - **留出时间** 就为好奇心创造空间而言，即使是为团队实验留出少量时间或一起学习也非常有价值。
>
> - **转换视角** 改变团队环境（例如，安排户外"步行会议"），重新定义挑战，并鼓励团队转变视角，以新方式看待潜在的机会或问题，引入外部输入。
>
> - **建立信任和心理安全** 合适的团队环境可以帮助人们畅所欲言，共同学习，不惧问题和挑战。

创造学习空间

> 书本繁多，时间短暂，记忆模糊，因此无法让所有写下来的东西都留在脑海中。
>
> ——博韦的文森特（Vincent of Beauvais），多米尼加修道士，1255年

在组织内部，团队在学习时总会缺乏时间、缺少空间。卡尔·纽波特（Cal Newport）的名著《深度工作》描述了现代企业界中的一项关键挑战——从众多干扰中抽出时间投入认知要求高的工作并取得进展。许多上班族将大部分时间都花在了大量会议、电子邮件和通知上，也许其间还会快速浏览社交媒体或新闻标题。现代工作环境的一大弊端是人们需要在不同任务、会议和干扰之间切换，这很容易破坏生产力。上下文切换最初用于计算，以描述操作系统如何通过暂停第一个应用程序以使新应用程序能够利用处理能力，从而将处理能力从一个应用程序切换到另一个应用程序。它允许同时运行多个应用程序和进程。然而，虽然计算机操作系统的设计方式使其擅长切换上下文，人脑却在时间、焦点和注意力的切换上存在隐性成本。

明尼苏达大学的苏菲·勒罗伊（Sophie LeRoy）解释了为何上下文切换会导致"注意力残留"，即当我们继续进行下一个任务时，一部分注意力依然停留在前一个任务上。这可能会导致我们对手头任务的关注减少。微软的研究发现，在被严重干扰后，人们平均需要23分钟才能完全重新专注于一项任务。人们每次进行注意力切换时都会使用大脑的不同部分，这可能意味着被打断和干扰会对生产力产生巨大影响。该研究团队还发现，现代知识工作者通常需要在一天时间里在不同的任务、屏幕、应用程序和工

作表选项卡之间来回切换，并且进行的切换越多，在电子邮件和会议上花费的时间越多，工作效率就越低。

电子邮件可能是分散人们的注意力并通过上下文切换造成人们效率低下的罪魁祸首之一。每封电子邮件都可能涉及不同的主题，这意味着处理收件箱中的邮件可能需要连续切换上下文。英国拉夫堡大学的托马斯·杰克逊（Thomas Jackson）博士所做的研究表明，即使被电子邮件等短暂打断之后，我们平均也需要一分钟以上的时间（64秒）来找回思路。如果员工惯性地每天多次查看收件箱，用于找回被打断前的思路的时间可能会大大增加。但很遗憾，我们永远也不知道何时能收到有用的电子邮件，这让我们时不时就去查看收件箱。电子邮件的特点是心理学家所谓的"可变间隔的强化日程"，也就是说，就像赌场里的老虎机一样，奖励（例如积极或有用的电子邮件）会以不可预测的方式间歇性出现。这会鼓励我们经常查看收件箱。当然，收到的邮件超出了我们的直接控制范围，收件箱会变成任何人都可以随时添加任务的待办事项列表。其他通信工具（例如Slack、Teams甚至WhatsApp）可以减少电子邮件过载，但也需要通过行为准则、常见做法和期望来避免类似问题，尤其是在消息通知方面。

会议也会引发一系列挑战。硅谷孵化器公司Y-Combinator的创始人保罗·格雷厄姆（Paul Graham）曾写过他所谓的"创造者"日程与经理们常用的日程之间的区别以及当这些日程冲突时会发生什么。如果你是"创造者"（作家、程序员或以创造为生的人），你可能需要投入大量时间才能在某事上取得进展。然而，经理们更有可能会以一小时为单位将时间分段，在每小时里做不同的事情。对于经理而言，开会可能只是找到一个合适时段的问题，但是对于创造者来说，将为时一小时的会议安排在上午或下午的正中可能会带来灾难性的后果，因为它会将半天时间分解成太小的时间块，这样他们就做不成任何事情。经理们可能会在不经意间让每个人都"顺着他们的节奏走"，导致任何人都很难安排出无须接电话或参加会议的大段时间。经理安排的日程一直有一个问题，即员工很容易发现他们每天都在接听各种电话或参加各种会议，没有大量时间可以退后一步思考、真正长时间集中精力完成一项任务，在不受干扰的情况下朝着目标前进。正如设计师迈克·蒙泰罗（Mike Monteiro）所言，日历不是管理时间的有用工具，而是"被打断的记录"。

在现代工作环境中，我们已经习惯了日常工作中的这种持续的干扰和任务切换，但它会让我们降低注意力，拖慢进度，无法获得有意义的进展，并让我们产生一种错觉，感到压力，觉得自己的生产力一直得到了最大发挥。上下文切换令人筋疲力尽。它会影响我们的动力、生产力和创造力。敏捷营销团队和在其中工作的个人需要空间和时间来集中精力，以便有效地取得成果。个人和团队层面持续被干扰可能会破坏团队的进度，由上下文切换带来的沉重负担会让他们无法集中注意力完成手头的任务，导致工作效率下降。将深度工作时间纳入工作周可以提高敏捷营销团队的成就感和动力，带来更好的结果。卡尔·纽波特定义了四种可以提供帮助的基本策略：

1. 安排深度工作的时间。

这说起来容易，但现实中，利益相关者要求苛刻、干扰不断、任务紧迫，实施起来要困难得多。这既要能够自觉在日程安排中划出特定的时间段专门用于深度工作，又要尽可能推迟要求，保护这段时间不被干扰。卡尔·纽波特强调，需要安排休息时间，而不是集中注意力的时间。我们大多数人的做法正好相反，但是转换重点能够让个人和团队把分给电子邮件和其他可能分散注意力、让注意力短暂集中的任务处理时间区分开来。

纽波特还指出，在深度工作时期，团队和个人必须利用大块时间处理更大规模的任务，在推进下一件事之前有意停止这些任务，而不是同时处理多项任务。这样做不仅可以提高工作效率，还能养成长期保持专注的好习惯。无论是团队还是个人层面，这种日历和日程安排管理都需要领导层明确或默许的支持。这有助于协调一周内的常规时段。例如，一些团队"周五不开会"，或者故意在一天或一周中（例如，在上午10点之前或下午4点之后不开会）留出更多非结构化时间。领导者要认识到，员工的响应时间可能不同。然而，它也要求团队成员能够自觉使用这些时间段来真正专注于深度工作，而不是借机浏览电子邮件。

2. 接受无聊。

纽波特提到，不要觉得上班的时候我们必须抓紧每分每秒朝着目标前进。进展当然很重要，但偶尔也要允许自己开个小差。一些研究表明，从事一些要求不高的任务，让大脑游离，可以提高创造性解决问题的能力。

3. 管理社交媒体时间。

纽波特提倡有必要积极主动地管理查看社交媒体软件的时间。不断更新的新闻提要会极大地分散人们的注意力，像看电子邮件一样，断断续续，不可预测，让人上瘾。因此，要留出时间查看社交媒体软件，但不要一直盯着它。

4. 取消优先级。

前几章提到敏捷营销的一个关键原则是团队应该始终专注于高价值工作而不是低价值工作。因此，我们要主动降低那些可能不会带来太多价值却需要占用宝贵的时间和精力才能完成的任务的优先级，以便为更多高价值任务留出空间。采用这种方法是团队为创造空间所能做的最有价值的事情之一。它应该成为一种习惯行为，也可以成为团队回顾的一部分，来定期定义如何通过果断取消低价值工作的优先级来创造时间和空间。对于敏捷营销团队来说，避免不必要的干扰和上下文切换非常重要，这意味着要采取积极主动的方法来管理沟通、通知和时间。

> ### 在敏捷营销团队中创造空间的技巧
>
> 根据卡尔·纽波特的建议，团队和个人可以使用许多实用方法来为更专注的工作创造空间并最大限度地减少上下文切换。
>
> ● **番茄工作法** 番茄工作法是一种在工作中短时间、规律性休息的简单方法，有助于提高注意力。它将工作分解为时长半小时的时间块，其中25分钟专注工作，然后是5分钟休息。了解一项任务涉及多少工作，计划如何尽量减少在专注的时间内被打断的次数，设置计时器来提醒休息，并且每完成四五个番茄周期后需要半小时的休息时间，这种做法很有用。
>
> ● **安排电子邮件时间** 在特定时间查看收件箱可能是一种非常有用的做法。安排最适合你的时间，最好在一天开始时、午餐前和一天结束前抽出半小时集中处理电子邮件或其他通信工具，这确实有助于避免不断查看收件箱，减少上下文切换，实现长时间专注。
>
> ● **关闭消息通知** 消息通知中必须马上处理的紧急事件是很少的，而消息通知是导致分心的主要因素，所以应该关掉消息通知。更积极主

动地安排专门处理电子邮件和Slack①消息的时间，如果确实需要开启消息通知，请与利益相关者商定沟通优先级，让他们通过特定平台发送非常紧急的消息。

- **减少发送电子邮件的数量**　发送的电子邮件越多，收到的邮件就越多，因此请确定是否真的需要回复邮件。尽量减少回复邮件的数量，避免全部回复（没有必要），并且可以考虑直接拿起电话或走到某人的办公桌前。

- **如果可能，在会议中避免使用电子设备**　将手机和笔记本电脑带入会议室可能很有用，但也会带来潜在的干扰。在会议中查看电子设备时，我们的注意力会更多地集中在设备上，而不是会议内容上，这样会阻碍会议进展。研究还表明用手写而不是通过电子设备写笔记会让我们记住更多信息，对主题有更深入的理解。

- **按叙事时间工作**　古希腊人有两种思考时间的方式。一是时钟时间（或希腊人所说的"Chronos"），基于可测量的固定时间单位；二是叙事时间（希腊人称之为"Kairos"），通常用于讲故事，时间更多地取决于故事的讲述方式。顾问汤姆·克里奇洛（Tom Critchlow）解释了为何公司的截止日期往往以易读性（工作的控制和测量）而不是有效性为标准。通常，截止日期的设定可能相对武断，也不一定是反映取得的进展的最佳方式。与利益相关者一起在更短、更快的反馈循环上工作有助于将目标从在截止日期前实现特定的可交付成果转向展示进展与创造

---

① Slack（聊天群组）是集聊天群组、大规模工具集成、文件整合、统一搜索等于一体的办公软件。——编者注

动力和变革。换句话说，如果一个团队可以更多地按照叙事时间而不是时钟时间工作，就能够让利益相关者了解进程，也能够展示动力和进步。

- **安排更新的节奏**　利用敏捷仪式和工具与使用叙事时间来展示进度的想法有关，可以确保团队更加包容地帮助利益相关者了解进程。展示工作取得切实的进展使利益相关者能够定期投入和重新确定优先级。用每日简会讨论进展，减少用电子邮件讨论，就能减少电子邮件和通知的数量。利益相关者常因为自己不了解项目而要求提供额外汇报，采用这样的包容性方法可以减少这类额外汇报。

- **找到属于你的"神圣时间"**　写作老师迪基·布什（Dickie Bush）介绍了一种用于找到深度工作时间块的方法。在这些被他称为"神圣时间"的时段里，你不会分心、不会被打扰，可以通过一些专注工作真正取得进展，如图14-2所示。为了找到最好的时间段，你应该问自己两个问题：一天中什么时候我效率最高？一天中什么时候我反应最慢？每个人的答案可能都不一样，但这样做至少给了你创造和保护那个时间的最佳机会。

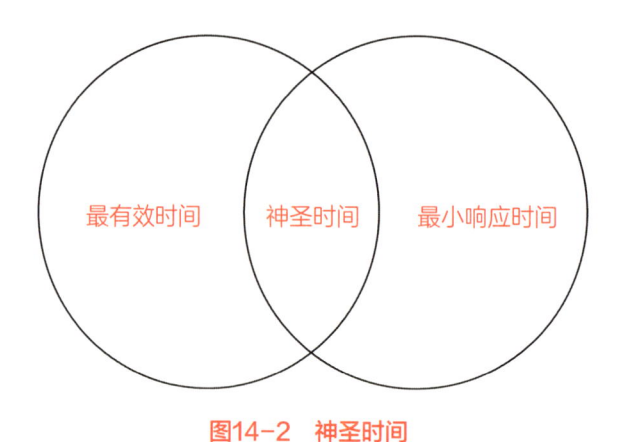

图14-2　神圣时间

第十五章　赋权高绩效营销团队

自治和赋权

在敏捷营销中，赋权团队是快速行动的关键。当团队需要快速做出决策时，领导者很容易介入、代表团队直接做出决策，也就是微观管理。随着局势变得愈加复杂，风险越发多变，这种情况更加普遍。然而，在敏捷环境中，微观管理会带来一些实际风险：

- **质量低、决策慢**　领导者代表团队做出所有决策，团队就不太可能发表意见，公开讨论和贡献随之减少。这很容易导致决策失误。权力的集中也很可能会减慢团队的速度，阻止他们以想要的方式进行迭代、适应和进步。

- **创造没有人情味的环境**　领导者在不断检查数字、核对指标时，他实际上正在创造一个数字比人和关系更重要的环境。指标很重要，但这么细化的关注会让团队在证明数字的合理性上花费太多时间而忽略如何最好地解决问题。这会阻碍思想进步、妨碍创新交流，还可能造成一种没有人情味甚至冷漠的文化。

- **削弱团队士气**　领导者有权在团队负责的领域做决定（或从一开始就不做决定）会导致团队动力不足和与团队脱离接触。长此以往会滋生出团队的负面情绪。这样做不仅不会增加领导者的控制力，反而会削弱其控制力。

- **导致缺乏信任** 微观管理会削弱信任，而信任是团队快速行动的基本要素。缺乏信任会让团队成员纷争不停，也会让有才能的人离开。

前面讲过，敏捷营销团队需要保持一致，但这需要与自治环境保持平衡。

我们可以从第一个现代组织图中看到自主权带来的价值。丹尼尔·麦卡勒姆（Daniel McCallum）1854年接管了纽约伊利铁路公司的运营业务。这是一个庞大而复杂的组织，负责运营近500英里的轨道。你可能会认为在19世纪50年代运营大型铁路网络的关键问题是缺乏信息，但事实上恰恰相反。当时人们使用电报，传输了大量近乎实时的数据，包括火车延误、机械故障到损坏设备等数据。尽管数据很多，想要把它组织成有用的信息，用于提高铁路的工作效率却非常困难。如果无法很好地改善铁路运营状况，就会多次造成火车延误（火车在一条轨道上运行，前一列火车出问题就会影响其他许多火车，甚至可能造成事故）。

麦卡勒姆希望有一种方法反映出整个组织中的权责分配，以破解这一难题。于是，他绘制了世界上第一张组织结构图。与今天的静态分层金字塔不同，这实际上是一张"组织树"，是一个相当漂亮的模型。

在这个设计架构中，董事会是树根，主要负责人是树干，铁路的各部门是树枝。这张图帮助麦卡勒姆和他的公司了解如何在组织中进行权责分配，在可控范围内赋予各部门主管更多权力。正如麦肯锡的凯特琳·罗森塔尔（Caitlin Rosenthal）所说：

在麦卡勒姆的结构图中，等级制度颠倒了：日常调度和运营的权力交给了部门主管，他们负责监督铁路的五个支线。推理：他们拥有最好的运营数据，更接近一线，因此最适合管理持续低效率的铁路线路。

该组织结构图帮助公司更好地利用信息，也赋予了区域主管日常调度和根据实时信息采取行动的权力，从而建立一个更高效的系统。高级领导者从直接行动变成了支持行动。正如罗森塔尔所说，麦卡勒姆通过放弃控制权获得了控制权。麦卡勒姆建立了一个系统，将有针对性的指标反馈给董事会（从树枝到树根），这样一来，这些目标可以重新转化为有用的措施（如每辆车的平均负载和每吨英里的成本），还可以为优先级和长期改进提供更多战略决策，确保董事们把有限的时间用到该用的地方。

这一切竟然早在19世纪50年代就已经发生了，它与现代营销组织所面临的困境有一些明显的相似之处。缺乏信息和数据是团队面临的真正挑战。平衡权力与信息意味着以既能赋权团队又能通知高级监督的方式构建数据流及其使用方式。敏捷营销团队，需要能够轻松访问实时数据（可能通过仪表板），并结合自主权以他们认为可以优化结果的方式务实地应用这些数据。同时，领导者需要监督一系列有针对性、有见地的措施，使他们能够了解取得的进展，制定战略优先级和战略方向。

让我们在军事背景下考虑这一点（毕竟决策风险高的领域很少）。在战斗场景中，你可能会认为高级军事领导人对行动的微观管理非常重要，这情有可原，但事实恰恰相反。数百年来，军事领导人对刻板的领导体系的脆弱性了然于心，这些系统详细规定了地面部队应该做什么。但战斗场景高度不可预测，时时变化，僵化的决策或过于详细的应对计划都会限制前线士兵对变化的环境做出快速反应。例如，任务式指挥（Mission Command）是一种源于军事战争的指挥理念，1806年普鲁士惨败于拿破仑之后这种理念得以发展。那次失败之后，普鲁士人意识到他们需要在军事领导中更加灵活、适应性更强，相比完成任务的具体方法，要把重点放在任务的结果上。任务式指挥不仅有明确的作战意图和作战任务、集中指挥、统一决策，还允许地面部队在防御限制内灵机应变，拥有更大的行动自主权。

平衡方向与赋权

任务式指挥建立在三个基本原则之上，这些原则让领导者在协调和自治之间取得适当的平衡：

1. 指挥不要超出必要的范围。计划不要超出可预见的情况。

领导者应该在毫不含糊地阐明他们需要实现的结果之后，退后一步，让团队继续执行并在他们负责的领域做出决定。领导者可以通过演示和评审等敏捷仪式定期检查进度，但利益相关者不应该参与决策细节或要求定期更新（例如在冲刺期间）。明确团队愿景和结果很重要，但领导者要允许团队在执行过程中灵活应变和赋权。

2. 在实现目的的前提下，向每个单位传达尽可能多的高层意图。

完整理解具体的结果。例如，回头检查一下，确保已经很好地传达了目标，这样做会很有用。领导者要让团队能够接触到他们需要的信息和工具，完成工作要求。

3. 确保每个人都能在理解的范围内享有决定的自由。

领导者要创建并实现一个环境，明确自主决策权限。给予团队足够的自主权，但不要让组织面临重大的损失或风险。

> 在这些基本原则的基础上，美国陆军制定了一些有用的附加原则。这些原则描述了围绕明确的意图建立共同理解的重要性，也谈到了通过相互信任建立有凝聚力的团队。建立信任的氛围后，领导者更容易赋权团队承担责任。

建立协作文化

组织并不总是鼓励或奖励有关商业协作价值的讨论，组织通常更愿意将优点集中在更具体的方面。彼得原则与许多组织中的趋势有关，即员工因为以前位置上创造的业绩而获得提拔，直到达到他们不再胜任的位置。相对于提拔能够有效协作、激励和领导团队的员工，提拔具有特定职能专长的员工成本可能会很高。2019年，研究人员艾伦·本森（Alan Benson）、丹妮尔·李（Danielle Li）和凯利·苏（Kelly Shue）对214家公司的5万多名销售人员的绩效进行研究后发现，这些公司有计划地将最好的销售人员提升到管理岗位，即使这些人最终成为表现不佳的管理者。那些不一定有最好的销售业绩，但更有合作精神的销售人员（研究人员通过"团队合作经验"来衡量，或将线索传递给同事或联系人来衡量），很有可能会被提拔到管理层。简而言之，最好的销售人员并不一定是最好的经理，事实上，促销前的销售业绩被证明与管理质量呈负相关。具有更多团队合作经验的员工一旦升职，就会成为更好的管理者。如果提拔最有潜力的经理，销售额将上升20%。研究建议，公司可以减少对职能绩效的重视，更多提拔具有更多团队合作经验的员工，来减少因彼得原则而产生的成本。

在敏捷营销中，我们得到的教训是，有效的团队合作和协作应该受到高度重视，领导者应该认识到并放大这些行为和属性，营造歌颂这些品质的文化氛围。团队很难在信任度低、内部政治复杂和合作不善的环境中快速行动。但我们所说的合作文化到底是什么意思呢？谷歌在这一领域的长期研究十分知名，他们在数百个团队中进行了多年的综合研究，以找到对团队高绩效特征和贡献最有意义的特点。这项研究的结果可能和你想象的不一样。谷歌的特别研究涵盖了180多个活跃的谷歌团队的250多个不同的属性，研究结果发现，与团队成员的技能、个性甚至重要的团队寿命相比，实际上有5个关键因素真正体现了高绩效：

- **心理安全** 哈佛商学院的艾米·埃德蒙森（Amy Edmondson）教授首先在她的工作中引入了心理安全的概念，用于了解团队如何学习。她将心理安全定义为"团队成员共同持有的一种信念，即团队成员可以安全地进行人际交往，表达意见和想法"。团队成员在说出他们的真实想法时应感到自在，能够健康地辩论和对话，可以安全地尝试新事物。

- **可靠性** 能够依赖其他团队成员按时完成高质量的工作。可靠性是建立信任的关键要素。

- **清晰性** 围绕团队和个人清晰明了的目标和责任不仅能使人专注，还能提高效率和增强安全感。

- **工作的意义** 团队成员觉得他们所做的工作很重要并且对个人有意义，这一点非常重要。

- **工作的影响** 团队成员感觉所做的工作正在产生影响、创造不同。

分析师本·汤普森（Ben Thompson）善于创造真正的合作文化，他将其描述为相互信任和尊重，有表达不同意见的意愿和自由。在很多方面，这实际上是一种心理安全的体现，如图15-1所示。

让我们深入研究每个领域，了解营销领导者和团队如何能够强化支持。

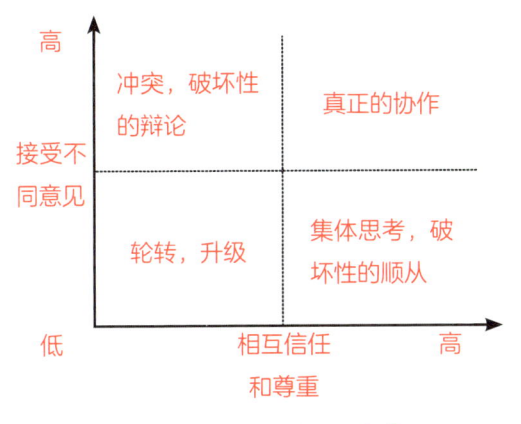

图15-1 实践中的心理安全

建立信任文化

有许多因素都对建立信任关系有帮助，根据多项学术研究，我们可以将这些品质和行为概括为以下几点：

- **可信度** 一个人在这个领域是否可信，是否有足够的知识、经验、信息或良好的判断力来支持他们的意见或建议。

- **可靠性和可信度** 这大概与一种信念有关，即人们的行动与他们的承诺和他们所说的事情相匹配，他们的行动是一致的，而不是不可预测的。

- **诚实和正直** 人们诚实守信，按照既定的信念和价值观行事时，我们会更相信他们关心我们，也更愿意与我们分享。

- **开放性和透明度** 与诚实相关，透明度有助于促进个人对组织和团队环境的信任。当某人证明他信任我们时，我们更有可能信任他。

- **安全和保障** 这种环境让人们感到安全，可以冒险，尝试新想法，而不用担心受到批评或嘲笑。
- **共同的目标** 人们和团队围绕共同的目标或成果相互协调也可以促成更深层次的信任。
- **欣赏和认可** 小事情可以在这方面发挥很大作用，特别是当它涉及表彰个人或团队的贡献时。

社交软件公司巴弗（Buffer）是一个将信任和透明度置于其文化核心的公司。不仅在其声明的公司价值观中阐明了这一点，还通过明确行为预期将其付诸实践，他们支持这些价值观，他们的行动也证明了这一点。公司价值观包括培养积极性、懂得感恩、实践反思、超越自我、不断进步。

最重要的是透明度。正如巴弗的首席执行官乔尔·加斯科因（Joel Gascoigne）所说，"透明度孕育信任，信任是伟大团队合作的基础"。在个人层面，他们谈论的是真实和诚实。在团队层面，他们强调透明度对于有效工作（尤其是远程工作）的重要性。在公司层面，他们描述了通过清晰的沟通、不想当然以及让员工尽早参与决策过程的重要性。该公司长期运营一个博客，员工在博客上发布有关工作方式、公司文化的文章，高级团队在博客上撰写战略甚至公司财务情况。自2013年以来，巴弗公开分享了他们基于公式的薪酬方法，甚至包括创始人本人在内的员工工资清单。这么高的开放度促进了员工、投资者和客户对巴弗的信任。

在个人层面，积极倾听确实有助于建立信任。倾听是一项重要但经常被低估的技能。史蒂芬·柯维在他的著作《高效能人士的7个习惯》中定义了五个维度的倾听：

- **假装** 某人看起来可能在听你说话，但你能看出他们没有。

- **选择性**　当某人根据自己的议程倾听时，可能会挑选出符合他们观点的部分。
- **防御性**　听众听到所有内容但已经打算捍卫自己的观点或反对他人的观点。
- **专心**　听众推迟判断、提供反馈、进行眼神交流、观察非语言暗示表明他们正在倾听，甚至可能重复他们所理解的内容。这是主动倾听。
- **移情**　超越专心的阶段，真正与他人共情，能够将自己置于他人的处境中以了解他们的背景。

人们可能对他人的聆听方式非常敏感，通电话时也是如此。当人们以错误的方式倾听时，会让他们显得控制欲强、自私或不愿承担责任或没有主人翁精神。简而言之，缺乏积极或同理心的倾听会破坏信任。

在讨论心理安全的第二个维度——接受不同意见之前，我们有必要考虑一下，当团队内部没有明显的信任时会发生什么。在信任度低的环境中，决策可能会变得过于等级化（由于团队未能很好地协作，决策权收归领导层），或者随着自治权被侵蚀而由委员会驱动。在过于强调个体等级地位的文化氛围中，人们会对地位变化过于敏感，并对可能涉及资源或预算的变化产生抵触情绪。消极的办公室政治会影响士气、生产力甚至员工流动率，也会减慢团队的速度。敏捷营销领导者应通过提高透明度、公开反馈以及通过团队内部的正式和非正式网络与正在发生的事情建立联系，积极努力减少内部政治。

从众的力量

下一节将仔细研究敏捷营销领导者如何支持团队中富有成效的讨论和

健康的分歧和讨论文化。首先，我们要承认领导者过于渴望一致性往往会让团队做出低质量的决策。

1951年，心理学家所罗门·阿希（Solomon Asch）进行了一项著名的研究，通过一个简单的判断任务，强调了社会压力和从众的力量。他将一个不知情的参与者与其他七名参与者放在一个房间里，这七名参与者都事先拿到了各自的答案。毫不知情的参与者不知道其他七人已经被研究人员分配了答案。研究人员依次要求小组中的每个人大声说出哪条比较线（A、B或C）与标准线最相似。真正的参与者坐在最后一排，最后给出答案，如图15-2所示。

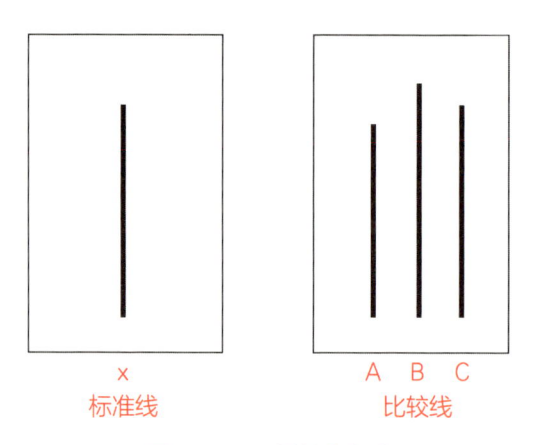

图15-2　阿希从众实验

尽管答案总是C线，但阿希从众实验表明，很大一部分成年人会改变他们对客观事实的看法，顺从他人的共识。在一系列试验中，哪怕答案显而易见，也只有大约25%的真实参与者不从众。阿希从众实验是一个很好的例子，证明了心理学家已经多次证明的观点——我们的从众愿望是行为的强大驱动力。

这是真的，因为从众帮助我们感到被认可并获得社会认可，不从众会导致混乱和焦虑。荷兰拉德布德大学的社会神经科学家瓦西里·克鲁恰列夫（Vasily Klucharev）进行的一项研究使用了功能磁共振成像（fMRI）来观察当我们的意见与群体共识不同时大脑如何反应。结果表明，参与检测错误的大脑区域变得非常活跃，同时预期奖励的大脑区域变慢。换句话说，偏离群体被大脑视为一种惩罚，大脑会产生调整我们的观点以从众的愿望。

领导者必须认识到共识和集体思维如何对决策带来不利影响。避免这种情况的关键是创造一个能够进行健康讨论、表达意见的环境。

接受不同意见

减少团队政治并加强团队沟通和决策制定需要团队内部营造一种支持表达不同意见的意愿和自由的文化。默认使分歧变得严重的文化使组织更容易受到办公室政治、权力滥用和判断错误的影响。习惯听取不同意见表示团队可以更好地解决挑战，因为他们能够接受更广泛的输入和观点（而不仅仅是来自房间里最响亮的声音）。这意味着团队成员更有可能直言不讳，而团队不太可能继续走一条行不通的道路。更有力的想法可以从团队的推理和讨论中产生。

伊恩·莱斯利（Ian Leslie）在他的著作《冲突：为什么争论使我们分崩离析，又如何让我们团结》（*Conflicted: Why Arguments Are Tearing Us Apart and How, They Can Bring Us Together*）中有力地说明了良性分歧在帮助我们找到更好的问题解决方案方面的价值。在古希腊，苏格拉底想要建立一种基于人的理性而非神学教义的伦理体系，他认为识别谬误的最好方法是通过交换论据（所谓的"苏格拉底方法"就是以他的名字命名的），利用人与人之间的合作性辩论对话，并基于提问和回答来激发批判性思维和引出想法。纵观人类历史，伟大的思想和创新都来自类似的健康且坦诚的观点交流。例如，莱特兄弟既不是工程师或科学家，也从未上过大学，他们非凡的想法和最终的创新在很大程度上取决于他们富有成效的论证能力。威尔伯·莱特（Wilbar Wright）曾经写道：

没有任何真理不混杂着错误，也没有任何错误不混杂有真理的成分。如果一个人太急于放弃一个错误，他很可能会放弃一些真理，而在接受另一个人的论点时，他肯定会在其中得到一些错误。坦诚的争吵不过是互相挑出对方眼前的尘埃，让双方看得清楚的过程。

简而言之，健康的辩论、建设性的质疑有助于我们获得更高质量的解决方案和想法，在贡献我们专业知识的同时借鉴他人的专业知识。或者正如伊恩所说：

只有当我们在争论中与其他人一起练习推理时，推理才会让我们变得更聪明……出现的答案会因为在我们分歧的熔炉中锻造而变得更强大。

伊恩在他的书中举了一个有趣的例子，说明公司文化去政治化和进行健康的辩论最终会带来更好的合作。美国布兰代斯大学管理学教授乔迪·霍弗·吉特尔（Jody Hoffer Gittell）花了八年时间研究20世纪90年代航空公司的工作文化。她发现，在航空公司使用的流程的各个部分中，不同员工之间经常存在一种以地位为导向的竞争文化。飞行员经常看不起机组人员，而机组人员看不起登机口的工作人员，登机口的工作人员看不起行李搬运工，等等。然而不知何故，乔迪一直听说有一家航空公司——美国西南航空公司似乎有所不同。

美国西南航空公司是世界上最成功的航空公司之一。在新冠肺炎疫情暴发之前，他们已经连续46年实现盈利。在航空公司的整个历史中，竞争优势和盈利能力的关键焦点之一是减少周转时间（飞机降落、乘客和行李下机、清洁飞机、下一批乘客和行李登机所需的时间）。这是他们早年的生存问题，因为他们只有几架飞机，但随着这种做法的有效性越来越广为人知，其他航空公司开始效仿他们。

由于快速的周转时间需要所有相关员工以全新的方式一起工作，美国西南航空公司将建立合作文化和健康异议作为其战略的核心。他们鼓励每个人都拥有自主权，与团队的其他成员一起工作，围绕这一共同目标努力，无论他们的身份或立场如何。他们积极鼓励员工在解决冲突的会议上表达他们的挫败感。这减少了摩擦，也创造了一种开放对话和相互尊重的文化。

事实上，航空业可以教会我们很多关于健康分歧的知识。当团队认为一个团队成员甚至领导者犯了错误时，团队就很难接受不同意见。然而，直言不讳对于帮助团队避免不必要的错误至关重要。在《崩溃：为什么我们的系统会失败，我们能做些什么》（*Meltdown: Why Our Systems Fail and What We Can Do About It*）一书中，安德拉什·蒂尔西克（András Tilcsik）举了一个例子，说明航空业的机组资源管理如何让团队在承受巨大压力下良好工作的。机组资源管理是一套专门设计的培训程序，旨在通过驾驶舱内良好沟通和决策最大限度地减少人为错误并提高航空安全。它接受所有人（甚至航空公司飞行员）的错误。1977年特内里费空难是航空史上最严重的灾难，两架波音747客机在跑道上相撞，造成583人死亡。

机组资源管理背后的关键理念是，在保留指挥等级的同时，驾驶舱内不那么专制的环境会减少错误发生次数，所以应该鼓励副驾驶在认为机长犯错时，提出异议。这改变了航空业的整个文化，行业不再反对质疑上级的决定，而是积极要求。机组资源管理培训结合了与情境意识和分析、自我意识、自信、领导力、适应性和沟通相关的方法，其重点是培养一种文化，在这种文化中，正确地质疑权威或行为，从而最大限度地减少人为错误或误判。实际上，机组资源管理教会了航空机组人员尊重异议。

机组资源管理可以说已成为有史以来最有价值的安全干预措施之一，从事故调查和航空事故案例研究中获得的经验表明了它的重要性和威力。例如，2011年，缺乏机组资源管理技术被认为是导致第一航空6560号班机坠毁的重要因素，该航班在加拿大雷索卢特降落时坠毁。加拿大运输安全委员会的报告指出飞机的仪表着陆系统和全球定位系统指示飞机偏离航线，但这与给机组人员提供误导信息的故障罗盘相矛盾。副驾驶试图引起飞行员的注意，但沟通不畅和机组资源管理的失败导致飞行员忽略了这些警告。两名飞行员在集中精力准备着陆时的手忙脚乱，导致两人谁都没有注意正在发生的情况。最终6560号班机坠毁在雷索卢特湾附近一座云雾缭绕的小山上，机上15人中有12人遇难。

与此相反，2010年11月从伦敦经新加坡飞往悉尼的定期客运航班澳洲航空32号班机的机组人员的反应被视为驾驶舱通信如何有效应对极高危险情况的著名案例。这架空客A380客机刚刚从新加坡樟宜机场起飞，机组人员就听到了两声巨响，驾驶舱里出现了一些警告信号，提示严重的系统和结构问题。事实证明，这架飞机的四个罗尔斯·罗伊斯（Rolls-Royce）引擎中的一个出现了不可控故障，随后引发了其他多个问题。机组人员决定在评估情况的同时启动等待模式，并进行一系列初步反应和行动。由于不同系统的警告信息太多了，机组人员不知所措，但他们系统地采用了一种方法，使他们能够了解飞机的状态，将它开回樟宜机场。事故发生一年后，机长理查德·德·克雷斯皮尼（Richard de Crespigny）在一次飞行安全研讨会上说：

我们已经非常接近（驾驶舱工作）过载的情况……很难列出哪里出故障了。故障太多了。所以我们颠倒了逻辑。就像阿波罗13号一样，我没有担心故障，而是说，"让我们看看什么没有故障"。如果剩下的设备还能继续工作，那就太好了。

经过近两个小时的工作和评估情况后，机组人员成功地在樟宜机场紧急降落。

这些例子展示了良好的团队沟通能够对结果产生巨大影响，同时也展示了团队共同应对挑战，以及围绕如何最好地解决问题进行健康、开放的沟通的重要性。在混乱的情况下，不能说出自己的想法、没有注意到警告、沟通令人困惑以及不能很好地划分优先级都可能给团队带来严重的问题，造成糟糕的结果。飞行员是领导者，但在尊重的前提下，允许质疑其决策，能够避免人为错误。不同意见只有有人倾听才有价值。领导者需要做出表率，积极倾听，以示对贡献的重视。大声说出自己的想法，大声质疑，目的都是发现真相，这样才能做出更好的决策、取得更大的进步。敏捷营销团队可以从这种方法中吸取很多经验。

在团队中应用机组资源管理

机组资源管理教授了许多基本技能和技巧，是创建团队环境的有用实践，可以减少错误，同时让团队中的每个人都能说出他们认为自己何时犯了错误。

1. 沟通。

机组资源管理专家托德·毕晓普（Todd Bishop）给出一个五步流

程，帮助机组人员审慎地质疑飞行员的决定。这个流程为每个团队提供了一个实用的模型：

a.首先引起飞行员注意。

b.陈述一个问题（例如，"我担心我们可能没有足够的燃料绕着这个风暴系统飞行"）。

c.陈述你看到的问题（"我们只显示剩下40分钟的燃料"）。

d.陈述一个解决方案（"让我们转移到另一个机场并加油"）。

e.获得支持或同意（"你觉得这听起来不错吗，机长？"）。

这为敏捷营销团队引入有用的挑战和异议提供了实用的模板。毕晓普还指出语言的使用也很重要。使用诸如"红旗"之类的短语而不是"这很愚蠢"让领导者不会感到他们的权威受到损害。同时还要意识到潜在的"发送者错误"（遗漏信息、遗漏信息的上下文、包含偏见、不愿重复信息）和"接收者错误"（带着偏见倾听、跳到发送者前面、忽略非语言暗示）。

2. 领导力和追随者。

在机组资源管理中，领导力是通过确保任务安全、明确定义的目标和尊重、包容的沟通来实现的。任务分析、指导、建立信任和有效解决冲突都是其中的一部分。在机组资源管理中，追随者不是被动的，而是需要有意识的努力。员工应该感到有权在正确的情况下挑战领导者，但除此之外，员工必须采取负责任的行动，运用判断力，控制自尊心，平衡自信与尊重，有自我意识并能够公开承认错误。

3. 识别危险的态度。

要了解某些态度如何阻碍成功，并采取个人行动来避免它们。这可能包括总是有尽可能快地去做事的冲动，感觉这不会发生在我们或我身上，渴望让一切看起来都很棒（所谓的"航展综合征"）或害怕在别人面前看起来很糟糕。

4. 情境意识。

正如我们从上面的例子中了解到的，不了解我们周围发生的事情可能会导致灾难。团队和团队中的个人都需要持续保持态势感知，在事情发生变化时保持警惕。机组资源管理列出了许多缺乏情境意识的有用指标，包括有多种解释（歧义）、未解决的信息差异、以牺牲其他项目为代价专注于一个项目（固定）、感到不知所措或超负荷、盲目冒险（自满）和注意力从关键目标上移开（分心）。

在文化和结构层次分明的组织中，引入此类方法可能具有挑战性，因此围绕这些沟通规范进行培训有助于改变团队成员行为，从而更好地适应异议。团队需要知道沟通对于解决问题和避免错误的重要性，以及他们应如何有效地挑战上级或团队假设。领导者需要对变革持开放态度，理解这些做法不会威胁到权威，而是一种帮助团队实现更好结果的改进方式。这触及个人和公司习惯以及团队和组织文化的核心。

拥有主人翁精神

良好的团队沟通和健康的辩论和对话是团队能够以高质量方式快速解决问题的必要先决条件，但与此同时，拥有主人翁精神也是必不可少的。主人翁精神在敏捷营销中至关重要，因为它让团队对结果负责，主动寻找解决方案以真正获得赋权，利用他们积累的自主权和信任做出更快的决策并很好地学习。一个团队无休止地谈论一个问题，而没有团队成员站出来说"我不知道答案，但我会去找出答案"，这个团队会变得闭塞、迟缓和过度依赖他人。一个拥有主人翁精神的团队更有可能很好地解决复杂问题，想出更有创意的解决方案，变得更有弹性，更好地应对挫折，并且在出现问题时不会责备他人。当团队在快速变化或复杂的环境中运营时，他们需要进行试验、从成功和失败中快速学习、探索新的解决方案并应对意想不到的挑战，拥有主人翁精神对于成功至关重要。

领导者不能强制推行主人翁文化，因为它必须来自团队成员自己的意愿，但领导者可以做很多事情来创造正确的环境，通过鼓励和奖励正确的行为来支持它。敏捷实践者彼得·科宁（Peter Koning）在他的《敏捷领导力工具包：学习与自我管理团队一起发展》一书中，提出了一个基于自由和团队成熟度关系的主人翁精神模型，它可以帮助领导者确定何时需要干预，何时最好放手，如图15-3所示。

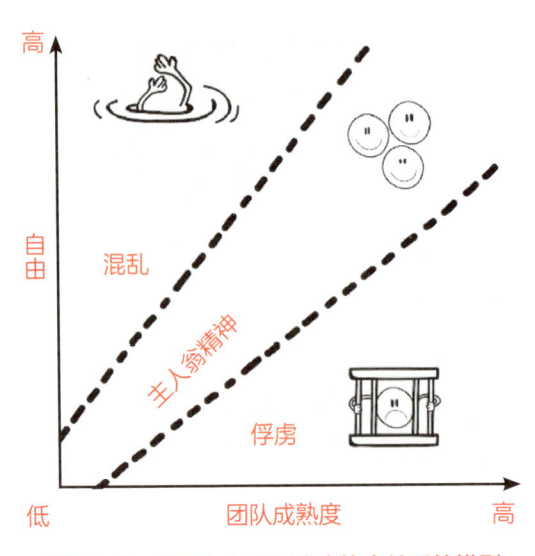

图15-3 基于自由和团队成熟度关系的模型

这一模型的关键是了解事情何时失衡。如果一个团队在解决问题方面的成熟度较低，并且有很大的自由度，这可能意味着他们不会拥有主人翁精神，从而导致混乱。在这种情况下，团队可能会感到迷茫，缺乏做出有效决策所需的视角。如果一个团队有很好的成熟度，但缺乏主动的自由，他们会感到沮丧、被束缚，无法作为一个团队成长。

如果将个人主人翁精神与清晰的愿景和成功的决心相结合，会带来伟大的成就。例如，管道胶带的发明故事。维斯塔·斯托德（Vesta Stoudt）是来自伊利诺伊州的两个孩子的妈妈，第二次世界大战期间她在一家军械厂工作，负责包装和检查弹药箱，两个儿子都在海军服役。当时，弹药箱用纸带密封，纸带蘸上蜡，形成一个标签，便于打开，但维斯塔注意到，脆弱的标签经常会被撕坏，战场上的士兵可能在受到攻击时无法准确打开弹药箱。

斯托德并没有将这个问题视为其他人的工作，而是提出了创建防水、可撕裂、基于布的替代胶带的想法，并在工作中创建并测试了它的一个版本。不幸的是，当她向她的老板提出这个想法时，他们并没有接受。然而，斯托德真的看到了这会带来的不同，因此她给富兰克林·D.罗斯福总统写了一封信，解释了这个问题，提出了她的解决方案。

罗斯福总统很喜欢这个想法并将其转发给战时生产委员会。他们回信称：

军械部不仅提出了这个想法……而且现在通知我们，您建议的更改已获得批准，并评论说该想法具有非凡的价值。

斯托德因为发明和坚持不懈的精神最终获得了战争工作者奖，管道胶带得以广泛应用。阿波罗13号的宇航员甚至拿管道胶带创建了一个临时解决方案来调整二氧化碳过滤器：当他们转移到登月舱时，他们发现登月舱并不能承载三名宇航员，并且他们需要86个小时才能安全返回地球，而在这种情况下他们呼出的二氧化碳太多了。维斯塔掌握了想要解决一个具体问题的主动权，并找到了一个创造性的方法来实现它。

推行主人翁文化

敏捷营销领导者可以使用一些特定的策略来增强团队的主人翁精神。

- **管理干预** 领导者可能很难知道何时干预，何时不干预，但要为团队成员提供空间和时间来自己解决问题，这有助于他们感到有责任和能力挺身而出。领导者既要避免以禁止或限制的方式过快介入，也要在必要时提供支持，以免团队成员感到迷失。

- **了解团队的成熟度** 了解团队的成熟度对于了解他们可能需要的支持或干预程度非常重要。新成立的团队或最近加入的员工显然需要更多的支持，但是当领导者干预过多并且没有给予足够的自主权和空间时，成熟的团队可能会感到沮丧。

- **赋予权威和自主权** 对于领导者来说，重要的是不要沉浸在代表团队做决定的细节中，要给团队自由，让团队创造性地用不同方式解决问题。这样做有助于倡导团队成员积极征求反馈意见，鼓励公开交流，并确保他们了解自己在解决问题方面所能发挥的影响。

- **提出问题** 围绕主人翁精神设定期望，并提出挑战性的问题，让团队成员自己寻找答案。避免试图回答团队的所有问题，而是将它们转为探索和测试，以此作为寻找答案的方式。

> - **鼓励问责制** 确保团队中的每个人都了解所追求的目标和结果，提醒他们在实现这些结果中的角色和责任。让人们对他们的工作负责，并为实现他们的全部潜力设定期望。鼓励他们发挥潜力。
> - **提供反馈** 奖励和认可彰显主人翁精神的积极行为。每次有这样的行为发生时，都向团队成员公开展示。
>
> 主人翁精神对于创造能够让敏捷营销团队蓬勃发展的环境至关重要，在这一点上，领导者在设定基调和实现规范方面发挥着关键作用。

衡量心理安全

对领导者来说，围绕能够产生心理安全感的属性进行衡量是很有用的。艾米·埃德蒙森（Amy Edmondson）在她最初的研究中定义了七个观点。爱思唯尔（Elsevier）的高级主管理查德·迈克兰（Richard McLean）建议，一个明智而简单的做法是在团队中进行一项简单的调查，询问他们对以下七个观点的认同程度：

1. 如果我在团队中犯了一个错误，那将对我不利。
2. 团队成员不仅能提出问题，还能提出棘手的问题。
3. 团队成员有时会因为想彰显自己与众不同而拒绝他人。
4. 在这个团队中冒险是安全的。
5. 很难向这个团队的其他成员寻求帮助。
6. 这个团队中没有人会故意破坏我的努力成果。
7. 与这个团队的成员一起工作，我的独特技能和才能可以得到重视和利用。

使用简单的数字量表使领导者和团队成员能够监控心理安全水平并确定他们可能需要工作的领域。

本书前面提到，敏捷原则实际上是一种促成流程的思维方式，因此营销领导者忽视敏捷营销的文化和行为是危险的。心理安全和支持它的因素可以创造一个有效的敏捷团队环境，使团队能够产生信任、真正学习、适应良好并快速行动。

> ### 在敏捷营销团队中应用心理安全
>
> 在关于该主题的工作和研究中，埃德蒙森提出了领导者可以采用的三个关键策略，这些策略可以帮助敏捷营销团队营造一种心理安全环境：
>
> **1. 将工作视为学习而非执行问题。**
>
> 承认学习的重要性有助于团队将重点放在协作上，重视每个成员的投入并驾驭不确定性。
>
> **2. 承认不足。**
>
> 领导者要认识到他们没有所有问题的答案，不能确定不同团队投入和解决问题的观点的价值。
>
> **3. 通过提出大量问题来塑造好奇心。**
>
> 这有助于产生寻找答案的需求，同时也让团队中的每个人都有发言权。
>
> 营销领导者可以采用这些策略创造合适的环境来实现团队的高绩效，并且可以将其与简单的测量技术（例如前面提到的测量技术）结合起来，以监控心理安全并确定需要改进的领域。

埃德蒙森还强调了将心理安全与责任相结合的重要性，如图15-4所示。前者过多而后者缺乏可以为团队创造舒适的环境，但会导致自满。然而，后者过多和前者缺乏会导致焦虑，并且对如何最好地解决问题讨论不足。

在敏捷营销中，为团队建立最佳工作环境非常重要。营销领导者要认识到他们可以采用、鼓励和放大的行为，支持良好的心理安全和高绩效。

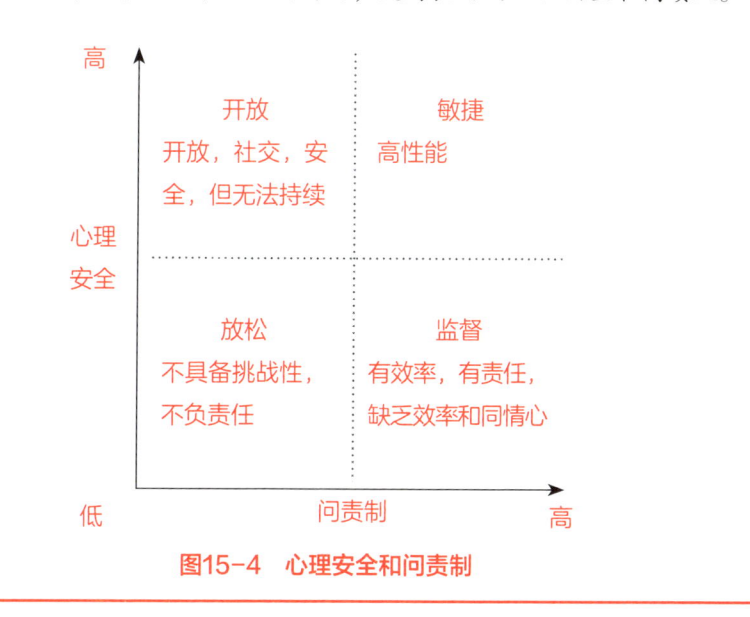

心理安全	低问责制	高问责制
高	开放 开放，社交，安全，但无法持续	敏捷 高性能
低	放松 不具备挑战性，不负责任	监督 有效率，有责任，缺乏效率和同情心

图15-4 心理安全和问责制

关注圈和影响圈

斯多葛主义的关键点之一是认识到生活中能控制和不能控制的事情。根据《斯多葛主义手册》，斯多葛主义的定义如下：

我们能够控制的东西是意见、追求、欲望、厌恶，总之，任何属于我们自己的东西。我们无法控制的东西是身体、财产、声誉、命令，总之，任何不属于我们自己的东西。

与此类似，在《高效能人士的7个习惯》中，史蒂芬·柯维提出了一个基于两个圈子的模型——我们的关注圈和影响圈，如图15-5所示。

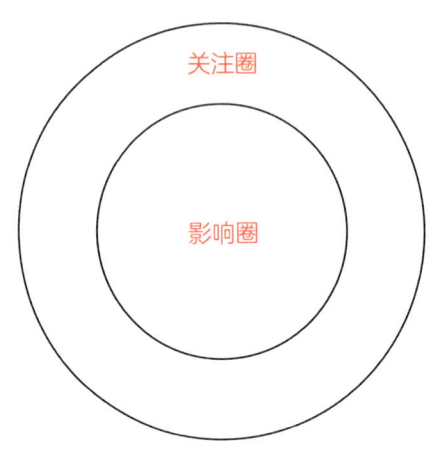

图15-5 关注圈和影响圈

关注圈包括许多可能以某种方式影响我们，但在很大程度上又超出我们控制范围的事情。比如，经济环境、天气、去办公室路上的交通、我们出生的地方，甚至我们过去做出的决定。这些事情在很大程度上超出了我们的直接影响范围，我们无能为力。想花精力改变很可能是浪费时间。

影响圈更小，包括我们实际上可以影响或做的事情。这些事情涉及其他人的行为、我们自己的生产力、我们的工作方式和我们的优先事项等因素，还涉及我们直接控制的事物，包括我们的想法、决定、态度、行动和言语。我们改变这些事情的能力取决于这些因素在我们受到控制和影响的程度。柯维说，反应迟钝的人很可能会把时间花在关注在他们控制范围内的事情上，而积极主动的人将精力集中在核心圈子和改变他们可以影响的事情上，使有效的改变发生，并可能让我们的影响范围开始扩大。

团队也是如此。一个有效的团队要了解其影响圈的延伸范围，认识到在处理超出其直接控制和影响的因素时可能需要外部支持（例如，来自其他团队或高级领导者）。它应该主要将时间和精力集中在其影响范围内的事物上。在敏捷营销中，团队应该始终专注于优先处理高价值工作，并将时间和精力花在他们有能力影响的事情上，而不是那些在很大程度上超出他们控制范围的事情上。

> ### ⦿ 影响利益相关者
>
> 　　理解和建立影响力是一项重要的技能，帮助敏捷营销团队减轻依赖关系，确保他们获得实现成果所需的自主权和资源。团队可以部署许多有效的策略来提高他们对关键利益相关者的影响水平，包括强调不做出改变的损失，避免使用可能疏远团队关系的术语，使用客户之声或数据来支持他们的论点，使挑战具有相关性，描绘未来的图景并让利益相关者轻松说"是"。团队还可以使用利益相关者地图这个有用工具来提高其影响力，如图15-6所示。
>
> 图15-6　利益相关者地图

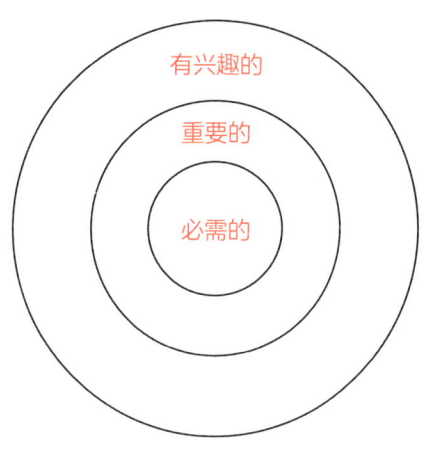

一个好的利益相关者地图可以从清楚地阐明项目或决策领域的范围开始。它可以帮助列出可能对决策或计划产生影响的所有利益相关者，并按优先程度分为必需的、重要的、有兴趣的三类。该框架可以设置在虚拟或真实的白板上，并且可以使用便利贴或类似的方式映射各个利益相关者。然后，使用箭头来绘制不同利益相关者之间的价值交换并定义它们之间的关系以及每个人给予对方的东西。

在更一般的层面上，了解影响力的关键杠杆对敏捷营销团队也是有帮助的。罗伯特·恰尔蒂尼（Robert Cialdini）的著作《影响：说服心理学》定义了说服的六个关键原则：

- **互惠** 人们收到礼物时常常要回馈他人。同样地，团队建立联系并提供帮助、寻找双赢、了解动机以及他们可以为他们试图影响的个人或团队做些什么是很有用的。

- **稀缺性** 人们更想要那些稀少的东西。因此，将收益定义为独特的价值、执行力或优势会很有用。

- **权威** 人们会追随可信的、知识渊博的专家。这意味着团队建立声誉、展示专业知识以及使用权威的外部数据和建议非常重要。

- **一致性** 人们与他们所说或所做的事情保持一致。展示特定决策如何与利益相关者的既定目标或先前的行动相一致可能很有用。

- **喜欢** 人们更愿意对他们喜欢的人说"是"。团队可以通过寻找联系和避免疏远团队关系来帮助自己。

- **社会证明** 不确定时，人们会查看他人的行为举止来确定自己的行为。因此，展示其他人对某事的反应并建立更广泛的共识可能是一个很好的影响策略。

> 善于影响他人可以帮助敏捷营销团队获得实现关键目标所需的资源和赋权。

成长心态

世界上有两种人：食客和面包师。食客想要从现有的馅饼中分得更大份，面包师想做一个更大的馅饼。食客们认为，如果他们赢了，你就输了，如果你赢了，他们就输了。面包师认为只要馅饼足够大，每个人都可以获胜。

——盖伊·川崎

固定心态和成长心态的概念是由斯坦福心理学家卡罗尔·德韦克（Carol Dweck）通过研究儿童和学生的学习方式后提出的。对于希望构建协作和学习文化的组织而言，这已经成为一个关键理念，也是捕捉团队和组织文化的一些关键特征的绝佳方式，敏捷营销可以在这些文化中蓬勃发展。德韦克在《心态：成功的新心理学》中，定义了我们如何看待自己的个性、学习和部署成功策略的一些关键差异。

"固定"的心态建立在这样一种观点上：我们的内在能力决定了我们能力的极限。智力和能力等品质是相对固定和静态的。成功有助于强化这些内在品质。那些有固定心态的人更有可能坚持他们已知的东西，他们不太喜欢接受挑战，认为失败源自超出个人极限。如果感到沮丧，他们往往会放弃，并且更有可能期望付出很少的努力就会得到回报。出于这个原因，他们很可能不惜一切代价避免失败，这样他们就会感到有成就感，总是让自己看起来很聪明，害怕尝试新事物以防暴露出自己的不足。他们更有可能相信，如果你有与生俱来的能力，那么你就不需要努力。以固定心态为特征的文化更有可能具有高度的政治性和竞争性。

相比之下，"成长型"思维模式始终相信个人拥有学习新事物的潜力，并将挑战视为学习的机会，将失败视为成长的机会。因此，具有成长心态的人喜欢尝试新事物，将反馈视为建设性的，受到他人成功的启发并在遇到挫折时坚定决心。他们还认识到只有不断努力、不断实践，才会得到提高。他们的目标是随时随地都要学习。以成长心态为特征的文化更有可能促进有效的协作和学习。

表15-1列出了这些非常不同的心态之间的一些关键差异。

表15-1　固定心态和成长心态

	固定心态	成长心态
能力	能力是固有的和固定的，智力是静态的	能力可以开发和培养
失败	认为达到了极限，令人沮丧，不惜一切代价避免	被视为学习的机会，挫折是改进的机会
挑战	视之为潜在失败，尽可能避免	视之为学习机会，接受他们
反馈	视负面反馈为个人攻击或无知	无论消极积极，重视有效反馈
努力	只有当你不努力时才需努力；认为人有与生俱来的能力；不太愿意尝试新事物	需要努力和工作来实现成功的产出、进步和改进
合作	我赢你输	双赢效果最好
弱点	想方设法隐藏自己的弱点	对承认自己的缺点持开放态度
成功	拒绝提供帮助，对他人的成功感觉受到威胁	在需要的时候寻求帮助，喜欢和聪明人一起工作，能从他人的成功中获得灵感

成长心态是创建敏捷营销文化的基础。德韦克谈到了如何通过言行传递这些心态，因此营销领导者必须树立正确的行为榜样，并围绕团队的举止、态度和行动设定明确的期望。领导者做到这一点的关键是承认他们没有所有问题的答案，需要和团队共同学习和进步。这让员工可以进行更多的实验、测试和学习，并从成功和失败中看到学习的机会。尝试新事物从实例中吸取教训是增强成长心态的另一种方式。每一次战役、每一次测试、每一次实验、每一次分析都是一次学习的机会。

合作胜于竞争

事实证明，竞争只在一定程度上是有用的，而且没有进一步的意义，但合作，这是我们今天必须争取的事情，有竞争的地方就有合作。

——富兰克林·D. 罗斯福

良好的合作是敏捷营销团队的超能力。然而，在许多组织中，个人和团队之间的竞争力可以推动绩效和结果的信念仍然存在。这背后的想法是，竞争环境将挑战人们并让他们发挥出最好的能力。人们和团队将不得不更加努力地超越同行，获得更好的绩效，产生更大的影响并更具创造力。作为个人，我们被教导想在我们的职业生涯中取得成功，就要与同龄人竞争。然而还有更好的方法。

我们可以从一个不寻常的来源来了解过度竞争的破坏性影响。20世纪90年代，美国普渡大学的进化生物学家威廉·缪尔（William Muir）主持了鸡群实验。他的研究始于这样一个假设：连续几代培育出的最好的产蛋母鸡（所谓的"超级鸡"）会比相同数量的普通鸡产出更多的蛋。验证这一假设的方法是，将一组由九只母鸡组成对照组饲养在一个围栏中，让它们繁殖六代。然后将每一代中产量最高的鸡挑选出来，组成实验组。衡量标准很简单，就是鸡群生产的鸡蛋数量。

六代之后，结果有些令人惊讶。对照组的鸡生长旺盛，十分健康，产蛋量显著增加。而实验组中，除了三只超级鸡，其他超级鸡都死了。那三只鸡把其他鸡都啄死了。缪尔的结论是，农场动物之间的竞争会对农场的产量和生产力产生巨大的负面影响。

在关于这个话题的TED[①]演讲中，企业家玛格丽特·赫弗南（Margaret Heffernan）描述了高产的鸡是如何通过抑制群体中其他鸡的生产力而取得成功的，以及我们对个人成功的文化痴迷又是如何威胁我们的生产力和合作潜力的。在组织中，领导者通常认为实现最佳结果的方法是让团队竞争资源，然后将这些资源分配给最聪明的超级明星。然而，结果往往是缪尔在他的研究中观察到的：功能障碍、攻击性和资源浪费。

在以内部政治和/或激烈竞争为特征的商业环境中，团队很难快速行动。相反，心理安全和富有成效的沟通规范使个人之间的社会联系和资本自然出现，创造了一个健康的高绩效团队。麻省理工学院人类动力学实验室对各行各业进行的广泛研究表明，最成功的团队是那些建立良好沟通模式的团队。这些团队在解决复杂问题方面的表现好过那些总智商最高的团队甚至好过那些智商最高的人。一项名为"读心术"的同理心和情商测试表明，这些高绩效团队通常对彼此表现出高度的社会敏感性。麻省理工学院人类动力学实验室的研究定义了团队沟通的三个关键特征，它们确实对

---

① TED（Technology、Entertainment、Design 的缩写，即技术、娱乐、设计）是美国一家非营利机构，以 TED 大会著称。——编者注

团队绩效产生了影响：

1. 能量。

这与团队成员之间交流的数量和性质有关。例如，面对面的交流比远程交流更有价值。团队成员面对面交谈时，会产生更大的能量。

2. 参与度。

团队成员之间的能量分布更加均匀。每个团队成员讲话的时间大致相同，且没有单一的声音过于占主导地位，也没有旁观者。

3. 探索。

高绩效团队有充沛的活力，与其他团队有良好的关系，并积极寻求更多的外部联系和观点。

麻省理工学院人类动力学实验室的研究还表明，虽然团队的集体智慧与其个人成员的智慧之间几乎没有相关性，但团队中有更多的女性确实增加了团队的集体智慧。研究人员认为，这一现象部分可以用女性在社会敏感性测试中得分较高的事实来解释。这对团队绩效有着关键影响，因此拥有更多具有这样特征的人（无论是男性还是女性）比例高对实现高绩效非常重要。在敏捷营销团队中，建立良好的沟通规范是推动团队绩效提高的关键。沟通良好且对彼此表现出良好的社会敏感性的团队可以更好地解决问题，减少浪费在死胡同上的时间并更快地做出决策。本节前面所写的成长心态是一种强大的工具，可以捕捉所有可以支持良好团队协作和高绩效的行为属性。

萨提亚·纳德拉如何重塑微软的文化：从"了解一切"到"学习一切"

萨提亚·纳德拉（Satya Nadella）于2014年接任微软首席执行官。他出生于印度海得拉巴，在接替史蒂夫·鲍尔默（Steve Ballmer）担任公司首席执行官之前，他在22年的职业生涯中曾在微软担任过多个高级职位。年轻时，比尔·盖茨就具有强烈的竞争意识，这一点在他的朋友鲍尔默身上也表现得很明显。鲍尔默在盖茨卸任微软董事长后，从2000年到2014年执掌微软。

伦敦商学院的艾米妮拉·伊巴拉（Herminia Ibarra）和阿内塔·拉坦（Aneeta Rattan）撰写的案例研究揭示了纳德拉如何通过一些明智的战略举措及关注文化重塑改变了公司的命运。在鲍尔默的领导下，微软拥有非常具有竞争力的公司文化。正如两人所描述的，当纳德拉接管微软时，公司正遭受内部斗争、争吵和惰性的困扰。内部竞争文化和"非我发明"的心态让员工狭隘地关注绩效愿景，而不是客户，削弱了创新。

例如，所谓的"堆栈排名"绩效管理技术意味着，无论他们贡献了多少，都有十分之一的员工会收到差评。员工开始自我保护，担心别人会拿走功劳。他们优先考虑什么能让他们获得最高排名，而不是关注他们的贡献质量。

在这种公司文化氛围下，人们不去集中精神做好工作，而是玩弄政治，寻求晋升。微软有在业内逐渐变得无足轻重的危险。

当纳德拉开始担任首席执行官时，他将同理心和对客户的痴迷置于他对微软未来愿景的核心位置。他给所有员工写了一封信，表示公司需要回到初心，优先考虑创新，即"以我们的核心价值为中心，放手让用户和组织贡献更多"。他希望"高层领导能够解决彼此的问题、促进有效对话……我不是指那些唯唯诺诺的男人和女人。辩论和争论是必不可少的。改进彼此的想法至关重要"。他认真倾听来自员工的声音，并与众多员工进行交流。一年之后，纳德拉在一次公司会议上表示，希望创建一种基于成长型思维模式的"动态学习文化"。德韦克关于成长心态的书帮助纳德拉学习困难的女儿走出困境，他妻子把这本书也给了纳德拉，纳德拉接受了德韦克的概念，将其置于文化改革的核心。纳德拉与更广泛的执行团队合作，让他们定义三个关键重点领域，增强这种成长心态：为客户着想（倾听并与客户交谈）；多样性和包容性（更大的多样性，但也有更大的包容性，让每个人都可以发言，每个人的想法都能出现）；一个微软（消除孤岛，增强协作）。纳德拉废除堆栈排名，取而代之的是基于持续反馈的方法。纳德拉还进行了一次变革，他取消了耗费大量领导时间的大型内部季度审查。持续的推动有助于嵌入积极的行为。经理们在每次会议结束时都会问："这是一次成长型思维会议还是固定型思维会议？为什么？"

成长心态意味着从"无所不知"的文化转变为"无所不学"的文化。微软的每位员工都能够进行实验，尝试新想法，从失败和成功中学习，这改变公司的命运。纳德拉甚至亲自示范了这种行为，他在一封发给公司全体的电子邮件中承认，他自己在格雷丝·霍普计算机女性峰会上本来可以对女性加薪问题回答得更好。他的谦逊态度为整个公司奠定了全新的基调，促进了协作和学习，加速了创新，使微软作为一个企业

> 的价值大幅提升。
>
> 突然之间，微软又开始构建客户真正想要的产品，而不是微软需要的产品。2014年萨提亚成为首席执行官时，微软的股价在38美元左右。在撰写本文时，其股价已飙升至304美元。正如科技作家约翰·诺顿（John Naughton）所指出的，纳德拉"让微软摆脱了束缚，微软得到了解放"。

认知多样性

从直觉上讲，认知多样化的团队应该能够比其他团队更好地解决问题，而研究也支持这一点。阿什里奇商学院的艾莉森·雷诺兹和伦敦商学院的大卫·刘易斯对150个高级团队进行了分析，发现认知多样化的团队能够比非认知多样化的团队更快地找到问题的解决方案。研究发现，从整合知识处理水平（团队中的个人在面对新情况时更愿意整合和使用现有知识而非寻求新知识的程度）与态度（团队中的个人在面对新情况时更愿意利用自己的专业知识而不是整合他人的专业知识和想法的程度）来看，人们思考与解决挑战的多样性越高，团队的绩效越高。

研究人员指出，这种形式的多样性不像其他类型的多样性那么明显，而且通常存在固有的文化障碍，这种文化障碍来自功能偏差，可能会导致我们被那些似乎以类似方式思考和交流的人吸引。这样的功能偏差可以减少团队的影响，团队通常会认为他们比实际情况更具有认知多样性。因此，领导者要积极意识到他们的团队在思考和解决问题的方式上的多样性，以及自行决定或组织会给团队带来缺乏多样性的风险，这是非常重要的。

研究人员还指出，虽然认知多样化的团队能够更快、更有效地解决问题，但并不是每个团队都能成功。在认知多样化的团队中，成功和失败的真正区别在于认知多样性和心理安全的结合。雷诺兹和刘易斯的一项后续研究发现，这两个维度都高的团队表现出鼓励积极行为、好奇心、决心和实验倾向，这些都有助于保持动力。心理安全度低、认知多样性高的团队过于好斗，如果相反，团队就容易形成群体思维。

多学科团队通过汇集不同专业知识（例如，数据专家的更多分析方法与设计师的创造性思维相结合）可以自然地综合不同的方法来解决问题。然而，通过能够真正推动高绩效的文化属性和沟通行为来赋权这些多学科团队也很重要。将成长心态、认知多样化、心理安全和真正实现协作和信任的环境等结合在一起，可以增强敏捷营销团队的力量。

内部资源的外部视角

上一章讲述了外部视角可以为团队带来的价值。然而，这些投入并不总是来自公司或部门之外，有价值的新思维或专业知识也可以来自企业内部。寻找方法来扩大这一点可以真正增强敏捷营销团队的能力。

企业家和管理思想家玛格丽特·赫弗南举了一个例子，工程公司奥雅纳（Arup）为2008年北京奥运会建造马术中心时，工程师在该项目中面临的问题之一是要弄清楚所有从世界各地来参加比赛的高度紧张的马会产生多少废料。这是以前任何工程师都没有解决过的问题。他们本可以花无数个小时与兽医交谈，仔细研究电子表格，解决这个难题，做出评估。然而，他们采取了截然不同的方法。

奥雅纳公司在全球拥有超过12000名员工，在业务运营所在的各个工程学科中创建了一系列技能网络，这有助于在更广泛的业务中改进协作和知识共享。如果你是一名工程师，正在处理具有挑战性的问题并需要一些帮助，那么很有可能在公司的另一个地区会有具有相关经验并且可以提供帮助的人。在马术中心工作的工程师将他们具有挑战性的难题发布到了公司相关技能网络上，在几个小时内，他们就收到了来自世界另一端的另一位公司员工的回复，该员工恰好在纽约设计了赛马会。这位工程师已经解决了这个问题，并且能够提供专业建议，为马术中心的工程师们节省了无数个小时的工作时间。

奥雅纳公司技能网络是协作平台的一个很好的例子，它使团队和组织之间的知识共享水平大大提高。当这些平台设计良好并经常被团队使用时，它们就会发挥自己的作用。

建立技能网络

技能网络可以为企业和员工带来额外的价值。只要结构合理，企业规模越大，使用技能网络的员工越多，就能创造更多的潜在价值。为了提供真正的效用，协作技能网络需要足够广泛，在允许多个团队发布各种各样的挑战的同时，仍然专注于将具有特定知识领域的个人与真正有帮助的问题联系起来。奥雅纳公司的技能网络是一个跨越公司不同学科和专业知识的有效的全球社区。他们拥有45个这样的技能网络，涵盖机械工程、声学、消防工程、建筑和交通规划等不同学科。团队可以使用一些实际的措施来建立有效的技能网络：

- 为适合发布在技能网络上的挑战类型创建明确的指导。解决需要特定知识领域经验的问题比团队每天可能面临的小问题要更有价值。

- 技能网络在实现跨实践社区（在下一节中讨论）优化解决问题方面特别有效，因为它能够将拥有相似领域知识或兴趣的志同道合的人聚集在一起。

- 用于构建技能网络的平台应该直观易用。用户应该能够以易于理解的格式发布挑战。

- 健康的技能网络是员工经常使用的网络。因此，对于更高级的领导者来说，树立正确的行为榜样、亲自使用平台和称赞网络的成功都是有用的。

发展实践社区

实践社区（CoP）在跨团队共享知识和广泛学习方面非常有用，它可以支持敏捷营销团队解决问题和学习。他们被艾蒂安（Etienne）和温格（Wenger）定义为："是对他们所做的事情有共同的关注或热情，并在定期互动时学习如何做得更好的一群人。"

这种实践社区可以围绕问题或知识领域或学科和共同利益形成。实践社区可以在物理或虚拟环境中形成（数字工具使虚拟实践社区的运作方式发生了重大变化），但它们的目的始终是促进学习并分享经验和信息。一些社区可能相对多样化，并通过围绕社交媒体上的主题标签进行对话而聚集在一起，而其他社区可能更具特定领域，并使用内部平台和论坛进行讨论。然而，这些不同社区的基本特征和目的仍然不变：通常围绕一个共同的知识或专业知识领域聚集在一起，指导学习；社区创造了社会结构和分享意愿；实践提供了知识领域内的特定焦点，社区可以为其贡献想法和学习。

这些社区在正式和等级组织结构之外运作，但有助于将人们聚集到更非正式的网络中，从而支持改进的组织和团队绩效。随着企业和团队的扩展变得更加复杂，实践社区可以支持更高效、更富有成效的知识共享，帮助团队发展学习能力，而且还能够以更明智的方式更快地解决挑战。

在关于实践社区的论文中，莱塞（Lesser）和洛克（Storck）定义了提高业务绩效的四种关键方法：

1. 确保团队了解不断变化的客户需求并更有效、更快速地做出响应。
2. 加快新员工的学习过程。
3. 减少重复工作，防止员工重复错误或重复已经完成的工作；协调工作情况，更有效、更好地解决特定挑战。
4. 鼓励和扩大新想法，确保它们获得动力。

早期有一个例子证明了实践社区的价值，即负责现场维修机器的施乐客户服务代表社区。代表们开始在早餐和午餐时非正式地交换心得。施乐公司借此成立了"我发现了"（Eureka）项目，汇集了全球14000多名服务技术人员和支持中心员工，分享修理办公设备的技巧，据估计为企业节省了约1亿美元。

马里兰大学决策与信息技术系的茉莉·瓦斯科（Molly Wasko）和萨默

尔·法拉吉（Samer Faraj）在早期围绕在线社区如何共享知识的工作中定义了三种不同类型的知识：作为对象的知识、嵌入个人的知识和嵌入的知识。如果没有更多非正式的知识共享结构，团队就有可能错失发展更广泛的学习和解决问题的机会的方式。实践社区在分享隐性知识（不是明确呈现的，个人通过经验可以间接获得的知识）尤其有价值。这确实可以帮助敏捷营销团队从团队成员随着时间积累的所有隐性知识中受益，最终可以支持团队更好地解决问题并改善结果。

在敏捷营销中应用实践社区

在敏捷营销团队中，实践社区可以通过以下几种关键方式聚集在一起：

- **纪律** 可以围绕广泛分散在团队中的学科专业知识形成实践社区。这方面的一个例子可能是渠道专业知识（例如，广泛分布在不同营销团队或全球和区域团队中的搜索引擎优化、客户关系管理或社交媒体专家）或职能专业知识（例如，数据和分析专家分散在组织的各个领域）。类似地，一个小组可能围绕一个兴趣领域而不是特定学科聚集。

- **产品或业务重点** 实践社区也可以围绕产品和服务或其他与业务相关的重点领域聚集在一起。这可能使营销人员能够以更非正式的方式与围绕重点目标或产品的营销之外的其他职能一起工作。

- **问题领域** 对企业具有战略重要性的领域可能会从围绕它们的实践社区表格中受益。这可以帮助团队共享经验和学习，加强团队协作，从而更快地解决问题。

在小型多学科小组的规模化应用中，实践社区在将多个团队的职能和学科专业知识结合起来以实现共享学习方面非常有用。出于此特定目的，团队可以在更非正式的聚会中定期召集实践社区。例如，建立定期学习课程的实践社区，小组中的志愿者分享问题具体解决方案或在解决特定挑战中所学到的知识。根据温格关于有效工作的最初原则，一些有用的做法可以帮助实践社区茁壮成长：

- **自然进化**　允许甚至主动设计一个自然进化的实践社区将有助于它以更有可能可持续的方式出现。随着兴趣或需求的不断变化，实践社区也可能随着时间的推移改变其关注点。

- **不同的参与**　支持和允许从业者不同程度的参与可以确保实践社区有用，同时仍能产生关键的主人翁精神。

- **建立节奏**　社区可能更加非正式，但围绕更新和聚会创造清晰的节奏可能会很有用，这可以设定明确的期望并保持参与度。

- **庆祝和分享社区的价值**　放大实践社区如何成功促成更好结果或解决问题的故事可以帮助扩大其感知价值。

- **不同的空间和观点**　一个健康的实践社区可以欣赏其成员的不同观点，也可以引入外部观点或知识，这也有助于发展学习。应该鼓励公开对话，但允许个人分享知识的私人空间也很有用。

教练的作用

团队在敏捷实践中很容易回到更传统的线性问题规划上。敏捷教练对于采用敏捷原则支持员工过渡到敏捷工作方法并嵌入关键实践以及有益习惯和行为的营销团队发挥重要作用。敏捷教练既是敏捷方法论的老师，也是支持有效部署的价值观和思维方式的拥护者。这个角色可以是企业、团队或个人，其目标是通过帮助团队以最佳方式应用敏捷原则，采用一个有凝聚力的高绩效团队的各种行为和工作方式，为团队带来更好的成果。这一目标可以通过专业指导、促进和指导相结合来实现。

  企业和团队很容易忽视教练带来的价值，有时候还认为它花费太大。然而，在实践中，团队在进行敏捷实践时通常需要支持，才能实现他们已经设定的结果。当团队刚刚从更传统的方法转向敏捷工作方法，团队成员正在努力调整时，或者团队成员对他们获得的自主权水平或需要与其他团队成员以不同的方式一起工作感到不舒服时，尤其如此。敏捷教练还可以提供团队外部的宝贵观点，带来解决挑战的新方法，帮助团队在遇到挑战时摆脱困境。例如，通过借鉴其他团队发现有益的解决方案来帮助团队减轻依赖关系。敏捷教练可以为多个团队提供关键支持，确保敏捷实践得到遵守并嵌入运营，得到更广泛的支持，以最有效的方式被应用。

结论　敏捷转型——一个循序渐进的指南

本书提出在营销实践中大规模、深入地应用敏捷原则。这种新型营销模式能够适应以技术和数据为主导飞速发展的新时代。数字化转型没有明确的起点、中场休息和终点。营销人员一旦开启敏捷转型就要为持续变革和发展做好规划。学习从未停止，环境从未静止，关键在于，企业需要调整营销模式，以适应不断变化的市场。换句话说，我们需要灵活地实施敏捷营销。请牢记，我们需要将学习融入转型过程。转型期的任何发展变化都不是线性的，我们可以定义一些关键步骤，帮助改善部署过程。

态势感知

态势感知与实施任何战略一样，首先要充分理解所处情境。还要了解重点客户的行为转变和新技术变革为组织带来的机遇。

为敏捷营销组织创建愿景

领导者要增强变革的紧迫感。为什么要敏捷转型？为什么是现在？要认识到公司必须变得更加敏捷才能适应竞争环境，帮助员工认识变革、适应转型并参与其中。接下来就是为敏捷组织的发展创建一个令人信服的愿景。虽然这个阶段不需要详细的计划或僵化的组织设计，但愿景应该清楚阐明目标营销组织类型的主要特征。这有助于帮助人们确立方向，建立良好认知，为促进新工作形态释放潜力。使用讲故事的方式有助于实现愿景，领导者也应该反复不断地传达这个愿景的重要性。

奠定基础

这一阶段讲述了敏捷转型所需的基础因素，从获得公司高层的认可，到包括技术、流程和文化在内的诱发变革的因素等。首先要构建技术基础架构。营销技术堆栈与内部团队紧密合作，在不同运营环境下支持团队在不同级别进行开发。要记住数据驱动、数据知情决策、测试和实验、反馈循环和访问指标对业务的重要性。要想管理好团队，还要学会适时赋权，让团队完成既定行为改变，正确使用工具和管理数据可以事半功倍。流程是构建团队，部署敏捷原则的基本方法论和手段。对于普通人来说，敏捷转型是为了让团队走上正轨，支持团队的知识建设、思维模式和行为改变。敏捷转型也是通过培训和指导在团队中嵌入敏捷思维和认知的计划（记住需要"保持敏捷"而不仅仅是"执行敏捷"）。团队通过敏捷项目管理，可创建共同期望的愿景，激发团队战斗力。前进的道路上总会出现各种各样的"阻碍"，而我们能做的只是做好准备应对困难。

从小处着手学习

越早运行敏捷试点对团队越有帮助。在学习过程中，团队可能会经常碰到障碍，涉及过程或依赖，团队协调、团队组成、最佳敏捷方法和最佳实践，以及可能的早期实践者和倡导者等。这些都为规模化敏捷应用落地奠定了良好的基础，发挥了巨大价值。试点团队应该是小型跨学科团队，尽可能接近小队预期组成，也可以适当增加成员差异性。团队能集中力量完成特定的计划或战役，监测不同形式的组合和构成要素，搞清楚以什么规模运作最有效。组织能保证至少有一个团队与预测的关键工作领域（例如，客户需求状态或细分）一致，让组织得以在规模化敏捷应用的场景中学习。试点团队应该得到支持，达成成功目标后输出最佳实践方案。

快速扩展，增加动量

一旦组织对好的标准构建了愿景，从早期的试点中学到了东西，就要准备快速扩大规模了。组织应用从试点中获得的知识来设计敏捷团队，以最佳的方式对团队进行协调和支持。围绕过程的学习都应该应用于方法论和实践。围绕依赖关系产生的学习应该随着团队数量增长。制定明确的指导方针和标准有助于推广良好实践。通过反馈和进一步培训支持行为改变有助于树立正确的态度、养成良好的方法。请做好准备。

在物理学中，质量乘速度是动量。敏捷转型通过不断增长的规模变化产生大量新事物以及更多的人、更多的团队、更多的行为和心态改变。这意味着我们应该抱着学习的心态，迅速扩大变革规模，提升适应力，积极采取行动。

保持敏捷

最后，重要的是让变革持续下去。许多变革因为没有承诺、缺乏投资、方法过于僵化而不甚理想，甚至夭折了。要在敏捷实践所取得的初步成果上，进一步稳固前期的效果，再接再厉，把每次挑战和失败都视为学习的机会，将敏捷原则和实践等应用到具体的开发、部署、运维上。保持敏捷意味着不断学习。不要期望从一开始就保持完全正确。这个过程本身就是一个持续学习的过程。记住，在敏捷转型的过程中保持敏捷。